JN069268

「モダンガール」の
歴史社会学

国際都市上海の女性誌『玲瓏』を中心に

呉 桐 著

晃洋書房

目　　次

凡　　例

◆中国語の簡体字や繁体字は，日本語の常用漢字の字体に直した．ただし，日本語にない字は元の字を用いた．

◆中国語史料の引用文は特に断りのない場合，筆者の翻訳による．

◆中国語の句読点は日本語表記を基準に直した．

◆単行本・雑誌・新聞名は『　』，雑誌及び新聞記事タイトルは「　」表記を用いた．

◆雑誌及び新聞タイトルなど，原文を示す必要があると判断した場合，日本語訳に〔　〕を付し，原文を補足した．

◆雑誌及び新聞は初出の場合だけ刊行期間と版元を記した．

◆特に断りのない場合，傍点および下線は当該内容を強調するために筆者が付したものである．

◆主要資料『玲瓏』では1年間を周期に頁数を振っているため，引用は巻数表記ではなく，（署名　刊行年：頁数）と表記した．署名は原文のままに統一した．なお，編集者を含め無署名の場合は特に表記しないこともある．

◆文献リストの中の日本語文献は日本語読みのローマ字表記，中国語文献は中国語読みのピンイン表記をアルファベット順に並べた．なお，本文中では中国語文献を細ゴシックで表記した．

◆本文中の表は全て筆者作成による．

❧

序　章

国際都市上海の「モダンガール」

1．新名詞としての「摩登女」

　1934年に上海の新生命書局により出版された『新名詞辞典』には，「摩登女」という項目が記載されていた.

> 【摩登女】Modern Girl とはファッショナブルな女子のことを指している. かつてある者が以下のように定義したことがある. 外国趣味，ある程度の生活保障，性の解放主義. この 3 つの条件を備えている女子が摩登女である.（邢編 1934：152）

　「新名詞」として選出された「摩登女〔Modern Girl〕」は，1930年代上海の時代状況を示す流行語だった. 当時，国際都市だった上海は，フランス租界や，英米が中心の公共租界を抱え，居住民の国籍が最多で58ヵ国に達するなど，異国情緒豊かな地として中国人に諸外国の文化を摂取する直接の機会を提供していた（熊ほか編 2003：2）. 一方，近代教育と企業制の発展により，専門的な技能と教養を持ち，頭脳・精神労働に従事するホワイトカラー，及びその家族からなる都市中間層も拡大していた（岩間 2011）. 数は限られていたが，教員以外にも医者，弁護士など専門職への門戸が女性に開かれるようになり，また銀行の職員や百貨店の店員といった都市型の女性向け職種も現れた. このように1930年代の上海では，「外国趣味」を培い，「ある程度の生活保障」を確保できる，「摩登女」を誕生させる土壌が実際に形成されつつあったのである.

　では，「摩登女」を定義付ける 3 つ目の条件とされた「性の解放主義」についてどう理解すればよいのだろうか.

　1928年に各地軍閥の打倒を目指した国民党主導の国民革命が達成されると，

南京国民政府は中国全国の統一を宣言した．以降，1937年に日中全面戦争が勃発するまで，比較的安定した政権のもとで「黄金の十年」と呼ばれるほどの国民国家の発展期を迎えた．しかし同時に，女性にとってそれは国民にふさわしい規範や規制が強く降りかかってくる時代でもあった．

先の『新名詞辞典』が刊行された1934年は，ちょうど中国で国家建設および民族復興を唱える新生活運動が発動された年である．国民生活の規律化，組織化，軍事化を目指すこの運動では，労働力と次世代の国民を再生産する必要から母性主義が称揚され，「賢妻良母[2]」規範が再び顕在化した．かつて五四新文化運動期[3]から国民革命期にかけて「脱性化（desexualization）」した女性が理想とされたのに比べ（許 2003；陳 2006），この新しい動向は女性性への意識の高まりという文脈において理解することができる．

むろん，「性の解放主義」を体現する「摩登女」にも，女性性への高い意識が見て取れる．ただし，女性に課された規制から自由でいたい「性の解放主義」は「母性主義」に代表される体制側のジェンダー規範と衝突するところがあることも想像に難くない．

そもそも近代中国の性別分業について，小浜正子が「女性は「賢妻良母」として「小家庭」の主婦となるべきなのか，家を出て女国民として社会で活躍すべきなのか，について結論のでないまま，中華民国は革命と戦争の時代へと突入していった」（小浜 2018：14）と指摘しているように，中国女性の性別役割の形成が葛藤に満ちたプロセスであった．この場合，亜流で逸脱だとされたが，人々の目を惹きつけた「摩登女」こそ，その屈折した過程をより鮮明に描いてくれる恰好の切り口になるのではないだろうか．

そこで本書はあえて「摩登女〔Modern Girl〕」という非正統な女性表象に焦点を当て，その特徴とされる「性の解放主義」がどのように表現され，当時のメインストリームといかなる関係性にあったのかを探りたい．これにより戦前上海におけるジェンダー規範の形成をめぐる紆余屈折の歴史を紐解くことを目的とする．

なお，民国期において，「Modern Girl」の訳語は「摩登女」だけでなく，「摩登女子」「摩登姑娘」「摩登女郎」など，「Modern」の音訳語にあたる「摩登」に，若い女性を意味する語彙を付け加える形で，様々な訳語が用いられて

いた．それらの意味に大差は見られず，1つの問題系として捉えられる．したがって，本書は日本語著作として記述の便宜上，統一して「モダンガール」という表記を使用する．

　また，これまでの概念史研究が明らかにしたように，「Modern」の訳語には「摩登」以外にも，「近世」「近代」「現代」などがあった（Liu 1995＝2022；曠 2004；張 2015；黄 2020）．そのうち，「近世」と「近代」は清末民国初期に中国知識人の歴史観が進化史観へと転換した際に登場し，以降学問の名称において定着したのに対し（黄 2020：11），「摩登」と「現代」は1930年代の流行語として人口に膾炙した言葉である．

　本書の対象となる1920年代後半から1937年にかけての期間はちょうど「摩登」と「現代」が意味のせめぎ合いを展開した時期にあたっている．「真の摩登〔真正的摩登〕」をめぐり，絶えず再定義が行われるなか，音訳の「摩登」が多層的・包括的な意味を獲得していくが，世間一般では，「時流」「今風」「ファッショナブル」といった都市風俗と強く結び付く形で認識されていた．一方，「近代」が含意する社会の進歩や文明の発展，さらに国民国家の建設といった意味合いが，同じく意訳語である「現代」に受け継がれた（張 2015：18）．よって，意味が重なる部分があるにしても，基本的に「摩登」は「現代」ほど肯定的なニュアンスを持っておらず，そのため「現代」の意味を領有することで自らの正当性を主張する場合もしばしばあったのである．

　このように，日本語の「モダン」「近代」「現代」を用いて中国の歴史を語るとき，関連する中国語の文脈にも注意を払わなければならない．特に中国語の「現代」は日本経由で伝来したとはいえ，日本語の「近代」と「現代」の両方を含んでおり，重層的な意味を持っていた．

　言葉に表される時代の感性，及び中国語と日本語の微妙な差異を押さえた上で，もう1点留意しておかなければならないのは，モダンガールに関わるトランスナショナルな文脈である．実際，冒頭の「摩登女」の定義のもととなる論は，1931年，教育問題を扱う雑誌『社会と教育〔社会与教育〕』に翻訳・転載された，日本のプロレタリア文学者前田河広一郎の「摩登女」と題される文章である．こうして，日本の知識人によるモダンガールのイメージが海を渡って中国人の共鳴を呼び，辞書において定着したこと自体，当時の女性表象，女性

性の形成に関わるトランスナショナルな文脈の所在に注目する必要性を物語っ
ているだろう.

　近年，いくつかの国際共同研究により，モダンガールが越境的な世界同時
現象である側面が明らかにされつつある（The Modern Girl Around the World Research
Group 2008；伊藤ほか編 2010；Wang ed. 2021）. なかでも，「植民地的近代」という，
東アジア地域における近代的女性性の形成をめぐる資本，帝国，ジェンダーの
相互関係と展開を探る示唆的な視座が提示されている.

　本書はこうした視座を踏まえた上で，より中国モダンガールの発祥地である
上海の文脈に沿った「半植民地主義」という分析概念を採用したい. 文学・文
化研究において再発見されたこの概念は，「植民地主義」の拘束性ではなく，
多層的な支配によって逆説的に被支配層にもたらされる選択の余地，すなわち
主体の能動性に分析の重点を置いている[6].

　華界と多国の租界や外国人居留区が混在していた，いわゆる国際都市上海は，
中国のなかでもこのような能動性を極限的に体現する都市であった.「半植民
地主義」という視点から上海の「国際性」を捉え直すと，単なる世界的同時性
に基づく文化交渉を超えた，多面的かつ葛藤に満ちた折衝の過程が見えてくる
はずである. 次に，これまでの上海モダンガールに関する研究を整理し，なか
でも植民地的近代論の主張を踏まえた上で，「半植民地主義」という視座とそ
の有効性について論じることとしたい.

2．モダンガールという問題系

2-1．モダンガールの表象研究

　表象というのは，「言語論的展開」以降に重視されてきた分析視点であり，
「言葉や記号やイメージを通じて情報や知識を生み出す作用」（林・田中編 2023：
43）として理解される[7]. 1930 年代の上海におけるモダンガール現象にアプロー
チする場合，実際に「モダンガール」だと名指しされる実在の女性はごく一握
りにすぎず，それに対しメディア上のモダンガール・イメージが活況を呈して
いたことを踏まえれば，表象の次元に踏み込み，その表象によっていかなるジ
ェンダーに関する知識や主張が生み出されたのかを検討することがとりわけ重

要となる.

これまでのモダンガール表象を通して中国における女らしさのあり方を探る研究は, 女性の主体性に対する認識の相違によって2つの見解に大別される. 1つは, モダンガールを男性のエロティックなまなざしや国民国家の厳しい規制にさらされる客体であると捉える視点である. 特に初期のモダンガール研究では, この視点を取るものが多い. たとえば, 高鬱雅はモダンガールのイメージ構築をめぐる「需要・供給の原理」や「まなざしの関係性」を男性の欲望と女性の受動的立場によって説明している (高 1999:60). 張英進 (Yingjin Zhang) も, 画報誌に描かれたモダンガールの身体表象について「見る側の男性を中心に展開されている」と指摘している (Zhang 1996=2007:72). また, 国民国家の形成に向けて, モダンガールはしばしば女性の国民化を阻害する反面教師としてイメージ構築されたことも多くの研究で明らかになった (許 2003;許 2011;江上 2007).

これに対し, もう1つは, モダンガールの表象に表される女性の主体性を強調する視点である. この視点では, 女性の消費者としての能動性や男性優位のジェンダー関係への撹乱が特に注目されている. たとえば, 羅蘇文は1930年代の上海における広告表現のなかに男性のまなざしが含まれている事実を認めつつ, 消費リーダーとしてのモダンガールは「近代の商業革命によって女性に付与された自信と独特な魅力を象徴している」(羅 1996:433) と論じている. 坂元弘子も, モダンガールを「消費文化の聖像」(坂元 2007:74) と捉えた上で, 同時代の漫画からは,「商品経済が局地的に発達している新時代において, 奢侈好きな『モダンガール』が持っている男性への強烈な主体性」(坂元 2007:83) が読み取れる, と羅と類似した論点に至っている. 坂元と同じく漫画を分析した董玥 (Madeleine Y. Dong) は, 漫画のなかのモダンガールが「いつにしても受動的ではなく, 能動的で, 欲求する主体である」とし,「彼女を客体化した人を客体化する」機能を持つと主張している (Dong 2008:208). ファッションの領域においては, モダンガールは男性を圧倒する存在であり, 彼らに強い衝撃を与えることさえできる (何 2013). 華麗なモダンガールは男性の性的欲望を満たしつつも, 彼らを危惧させる力も持つファム・ファタールのように表現されていたのである (Lee 1999;Stevens 2003).

6

　以上のように，モダンガールの表象から女性の客体性を読み取るか，それとも主体性を読み取るかは，研究者の依拠する歴史観が抑圧史観であるか解放史観であるかによるところが大きい．もちろん女性の客体化と主体化は相互に連関しており，けっして二者択一の関係にないが，後者の研究において，モダンガールは男性支配社会に置かれても，既存のジェンダー規範を転覆させる可能性を示唆する表象として強調されている．

　ただ，問題は，研究者たちがモダンガールの表象から読み取った女性の主体性と抵抗の可能性に関するメッセージは，必ずしも当時の女性にも同じように捉えられていたとは限らない．本書で明らかにするように，女性の主体性を表現していると解釈されてきたモダンガールのイメージが，その実，当時の女性たちの目には女性差別的な表現と映ることもあった．こうした認識の差は，モダンガールに関わる表象の世界を男性中心的構造的に捉えるのではなく，よりモダンガール現象の当事者たる立場にあった女性に寄り添った角度から釈明することの必要性を示唆しているだろう．

　のちに詳述するが，本書は女性のまなざしに基づくイメージの世界を女性誌『玲瓏』から抽出することを試みた．内容的にも形式的にも「女性向け」に特化したこの雑誌では，モダンガールに対して非常に具体的かつ多層的な意味合いを付与した．先行研究が言及したモダンガールの「身体の自主」や「新たな性道徳や女性の性欲」への追及（江上 2007：289-290），また「モダンボーイとともに新たなジェンダー関係を作り出」し，「『小姐―太太―母親』という女性の規範的なライフスタイルを修正する」といったところは（Dong 2008：217），女性の生活体験を交わしつつ提示されている．

　そもそも女性の国民化が押し進められるなか，「新たな性道徳」や「新たなジェンダー関係」を創出することは，支配的な文化との衝突が不可避であり，その駆け引きがさまざまな水準で行われていた．殊に上海の場合，日常的な領域で表現しがたいモダンガールの表象およびそのジェンダーの主張は，しばしばトランスナショナルな文脈において可能性を広げていった．本書は，女性視点に立ちつつ，モダンガールを一国史のなかで自己完結する女性表象とするのではなく，この表象が持っているトランスナショナルな側面も重視し，論を展開したい．

2-2. 半植民地主義という視座

　モダンガールを世界同時現象として捉えた代表的な国際共同研究は，2000年にワシントン大学で結成された「世界のモダンガール研究会」(The Modern Girl Around the World Research Group, 以下MGAW) によるものである．MGAW は，アジア，ヨーロッパ，アメリカ大陸，アフリカといった広範な地域にわたる事例を取り上げ，モダンガール現象を1920-1930年代におけるグローバルな共時的現象として捉え，その文化連鎖性に着目した．

　その成果をまとめた研究書『世界のモダンガール』(The Modern Girl Around the World) は，とりわけグローバリゼーションという背景を強調し，世界規模の商品経済のもとで近代的な女性性が如何にして越境しつつ構築されていたのかについて明らかにしようとした．脱西洋中心主義のスタンスを踏まえているMGAW は，西洋文化の圧倒的な影響力よりも，西洋社会と非西洋社会間の「多方向的な交渉」(MGAW 2008：4) のプロセスを重視している．この点は，西洋諸国におけるモダンガール表象の「アジア化」に対する解釈に象徴的に表れている．MGAW は，西洋モダンガールに見られるアジア的な要素について，西洋による他者の創出を強調するオリエンタリズムの見方ではなく，非西洋社会の美的価値の影響力を踏まえ，双方向ないし多方向の表象の連結を強調している．つまり，いずれの地域にせよ，モダンガールという表象を通して見られたのは，「グローバルとローカルな要素の絶え間ない融合」(MGAW 2008：4) のプロセスであり，特定の中心や起源といったものは必ずしも存在しない．そうしたプロセスは，モダニティの複数性を可視化してくれる好例である，とMGAW は見ている．

　しかし，Timothy Burke が同書の終章で指摘しているように，無批判にモダニティの複数性を強調するあまり，結局各地域の近代化の「同時代性」だけがフォーカスされ，有意義な分析になれない恐れがある．すなわち，あらゆる社会が相互に連結する網のなかに存在することを明らかにしただけでは，その背後にある特定の社会構造のあり方が看過されてしまうということである．とりわけ文化連鎖に伴って形成されたモダニティと植民地主義との不均衡な関係性を明らかにする必要がある．同書において，Miriam Silverberg もモダンガールのグローバルな旅に注目した後，次に行うべきなのは「コロニアル少女」(Silverberg 2008：360）に対する考察であると述べている[9].

　この問題に対し，2002年，MGAW のメンバーであるタニ・バーロウ（Tani E. Barlow）の日本訪問を機に発足した「東アジアにおけるモダンガール研究会」は，「植民地的近代」の観点を採用することで，モダンガール表象のなかに隠蔽されているコロニアルな関係性に着目して分析を行った．バーロウは，1997年の編著『東アジアにおける植民地的近代の構築』（*Formations of Colonial Modernity in East Asia*）以来，東アジア研究における「植民地的近代」概念の必要性をめぐって数多くの論考を著し，理論の精緻化に取り組んできた．その出発点は，東アジア研究における植民地主義の回避という問題だったという（Barlow 1993）．この問題意識を踏まえ，Barlow（1997）はモダニティの二面性——近代的と植民地的——を強調する弁証法として植民地的近代論を考案した．彼女によれば，それはサイードのオリエンタリズム論と異なる使命を背負っている．サイードが西洋によるヘゲモニックな表象に焦点を当てているのに対し，バーロウは，近代化という名のもとで，多様な植民地形態に実際にどのような環境が与えられたのかを検討しようとする．

　植民地的近代論の主張により，モダンガール現象は，MGAW の多文化主義的な傾向とは異なる角度から論じられることになった．少なくとも東アジア地域においては，近代化と植民地主義との関係性が深く，モダンガールをめぐる資本や帝国の欲望，またそのなかに含まれるまなざしの政治を見ることによって，植民地的近代における女性主体の抑圧や抵抗，あるいはその二項対立を超えて女性の生が複雑かつダイナミックな形で展開されていく過程が観察されるのである（伊藤ほか編 2010）．

　なお，この理論で中国の状況を捉えるとき，「植民地主義」に関係する勢力が決して二極をなしていたのではなく，多元的だったということに留意する必要がある．なぜなら，当時の中国は国家主権を維持したものの，一部の領土を数ヵ国の列強の支配下に置かれるという「半植民地」の状態にあり，一元的な植民地支配とは異なる複雑性を持っていたからである．特にモダンガールの発祥地である上海では，多数の列強勢力が混在し，それらの勢力との連帯と対立が重層的に絡み合っていた．

　実際，中国思想史家であるバーロウは，「植民地的近代」を考案した当初か

ら中国の状況に注目していた．中国近代史について，それまで帝国主義論者や
多文化主義論者によって植民地主義の視点が排除されてきたが，バーロウはそ
の視点を必要だと考えていた．ただ，列強勢力が多数存在していた中国の状況
について，はたして「植民者／被植民者という二項対立のもとで分析概念を作
り出すことができるのか」（Barlow 1997：5）という問いが存在する．これに対し，
バーロウは「半植民地主義」を提唱する文化史学者の研究に多大な関心を示し
た．

　代表的な論者史書美（Shu-mei Shih）の研究をとりまとめ，バーロウは次の3
点を指摘している．⑴中国の半植民地主義は植民者と被植民者を敵対させる二
元構造ではない．⑵それはコスモポリタンや従属的な関係性から逃れようとす
る学識のあるエリートに多大な影響を与えた．⑶半植民地主義というのは文化
現象であり，帝国主義が政治，経済，司法，教育などの領域に対して圧倒的な
侵犯を行った結果として現れたものである（Barlow 2004：392）．

　もちろん完全なる植民地でなくとも，列強勢力と中国の間には暴力や搾取を
伴う極めて不平等な権力関係が存在していたという事実は否定できない．この
点はいくら強調してもしすぎることはない．そもそも「半植民地」という言葉
が用いられ始めたのは，まだ列強による全面的な行政支配に陥っていないもの
の，その途上にあるという緊迫した事態を表すためであった．ただし，上記の
ように，植民地的近代論の提示によって再発見された「半植民地主義」という
分析概念は，「支配／被支配」という二項対立を打破し，多層的な支配層のは
ざまで生きる人々の能動性を強調することから，近代中国の植民地状況の複雑
さを捉える上で有効である．

　Shih が繰り返し言及しているように，中国における支配勢力が多元的かつ
断片的であるため，しばしば民族主義と植民地主義の両方に対する曖昧な態度
がもたらされる．彼女によれば，中国知識人の「イデオロギー，政治，文化を
めぐる立ち位置について，正式な植民地の知識人よりはるかに多元的であっ
た」（Shih 2001：35）．実際，知識人だけでなく，都市大衆たちも常に日常生活
で多元的な帝国主義的な要素と接触し，それに対応しながら暮らしていかなけ
ればならなかった[10]．彼／彼女たちの立場は決して二者択一の問題ではなく，
「共謀／抵抗」という二項対立の図式だけでは多層的な勢力のはざまで戦略的

に生きるその人たちの態度や実践を十分に分析することはできない.

　つまり,「半」が意味するのは, 一枚岩な植民地支配よりはるかに分散的で, 主体性を発揮できる状況なのである. そして, 近代中国において, こうした半植民地主義の可能性を最も示している地が上海であることは論をまたない.

> 　上海という都市は, 相対的な文化的自由を持っている. すなわち, 文化が断片化している. 3つの独立した管轄区に分けられていたことは, 上海における植民地支配と国民政府の権威が分散的であることを裏付けている. 多元的な支配はまた人々が一元的なイデオロギー統制から逃れることを可能にした.（Shih 2001：283）

　しかし, モダンガールの表象から上海の半植民地的な状況とジェンダーの交差を捉える先行研究には盲点もある. この点は, 前述の「東アジアにおけるモダンガール研究会」による次の指摘からも垣間見られる.

> 　他方, 植民地性という点では複雑な様相をみせた中国の場合こそ, 日本からも時に羨望のまなざしが注がれた上海などのモダンな租界地における都市文化にモダンガール現象の典型がみられた. だが当の中国にあっては, 五四新文化運動のなかから生まれた「新女性」について, 女性の教育, 近代化の観点からは多く論じられてきたものの, 近代化と植民地主義の十分な考察の上で, ジェンダー観点にたったモダンガールについての専門的な研究はまだそう多くは出ていない.（伊藤ほか編 2010：6）

　「日本からも」とあるのは, 当時の国際的政治的地位における日本と中国の隔たりがあまりにも大きかったためだろう. 世界秩序において日本は中国より上位にあったにもかかわらず, 上海に限っていえば, このような序列は易々と超えられる面もあったようである. それと同時に, 日本は上海で軍事衝突を起こし, 実際に暴力を振るった存在でもあった. いわば, 上海の植民地状況を深刻化させる最大の要因だったのである. こうして見れば, 上海におけるモダンガール表象の構築及びそれをめぐるジェンダーの問題を捉える上で,「日本」という変数は極めて重要だと考えられる.

　しかし, この点を究明する研究が同研究会のまとめた成果『モダンガールと

植民地的近代』のなかには収められていない．上海を扱った2本の論文は，ともに「日本」に対する考察が欠落している．タニー・バーロウ（2010）はアメリカ中心の資本投下に着目しており，「日本」の存在に言及していない．一方，坂元ひろ子（2010）は日中全面戦争の勃発によるモダンガールの退場について触れているだけである．

　その原因は上海を対象とした場合，同書の理論的枠組みの整合性が損なわれてしまうからではないかと考えられる．同書は，植民地時代における「モダンガール」を，「商品の利用を通じて，植民地と宗主国は系統立てられ，不平等な関係に構成されていった」（伊藤ほか編 2010：8）プロセスを示す表象だと位置付けている．そして，具体的な分析において選定された対象地域は日本，中国，朝鮮，沖縄，台湾の5つであった．この地域選定からも窺えるように，「植民地と宗主国」の系統立てというのは，当時，帝国日本を頂点とする東アジアの植民地支配体制を暗示しており，被植民者／植民者といった対立項があらかじめ想定されていた．

　しかし，半植民地主義に特徴付けられる上海の近代化は，多元的な政治勢力のもとで対応と交渉を重ねた過程である．この場合，「宗主国」という存在はなく，植民者側も必ずしも安定したヒエラルキーの構築に寄与するとは限らない．特に日本の場合，上海を凌駕し，東アジアのほかの対象地域と結んだような「内地／外地」という関係性を築き上げることはなかった．

　つまり，東アジアにおける植民地的近代とジェンダーに関する豊饒な可能性を探る上でも，けっして「植民地と宗主国」の図式では釈明できない中国と日本の関係性を視野に入れる必要がある．本書では，より多国籍かつ重層的に展開される上海の植民地的近代とジェンダーの様相を捉えるべく，「半植民地主義」という視座を採用し，モダンガールのイメージ構築を，「中国―日本―西洋」の三項関係の再編という文脈のなかで捉え直す．それにより，戦前上海におけるジェンダー規範の形成過程には，いかに多元的な要素がダイナミックに絡み合っていたのかを明らかにする．

3．本書の対象と方法

3‒1．女性誌『玲瓏』とその周辺

　半植民地主義という視座から上海におけるトランスナショナルな女らしさの形成を分析するにあたり，本書は女性雑誌を主な研究対象とする[12]．具体的には，上海モダニズムの隆盛期に人気を博した女性誌『玲瓏』（1931-1937，三和出版社）を選定した．以下，まず女性誌で女らしさを分析することの有効性を確認した上で，同誌を選んだ理由を述べる．

　女性誌は一般的に「性役割伝達メディア」（井上・女性雑誌研究会 1989）として位置付けることができる．そのなかの女性表象は社会の期待と規範を提示し，読む側の女性に内面化させる一方，媒体自体が女性をターゲットとする「女性メディア」（井上 2009：3）の側面を有しているため，現実の女性の置かれた状況や彼女たちの思いが投影されることも多い．こうした女性をめぐる現実と理想の駆け引きの場として女性誌は存在するといえる．特に戦前上海の情報環境のなかで，女性誌はより広範な女性の声を拾い上げることができる限られたメディアの1つであったため，女性中心に展開されていくモダンガールのイメージの世界を明らかにする上で看過できない資料である．

　女性誌という「女性メディア」を扱う本書の立場について付け加えて言うと，まず「女性」のみに注目するのではなく，男女間の性差や関係性がいかにして構築されたのかというジェンダーの問題までを視野に入れる．たとえ中国近代史上「婦女雑誌」と呼ばれたとしても，そこから読み取れるのは単に1つの性別カテゴリーに限られる問題ではない．次に，確かに「女性」を本質化する言い方自体に問題があり，「女性メディア」を通して「女性文化」や「女性領域」を再発見することにはジェンダー本質主義の傾向がある（石田 2000；上野 2015）．しかし，本書の目的にしたがえば，モダンガールという女性カテゴリーが男性中心社会かつ半植民地の不利な状況とどのように結び付いているのかを問う必要があるため，あえて「女性」という用語を強調する．

　民国期上海の女性誌のなかで『玲瓏』を分析対象に選定した理由は以下の3点による．

　第一に，『玲瓏』は上述の「女性メディア」としての特質を典型的に示す媒

体だったからである．「女性メディア」というと，しばしば「送り手側が，女性の読者・視聴者を想定して表現の内容や形式が選択され，実際の読者・視聴者も女性によって構成されるジャンルである」（井上 2009：23）と理解される．女性雑誌や恋愛小説はその代表的な形式である．しかし，民国期の中国では，長い間，女性誌の読者が必ずしも女性であるとは想定されていなかった．これは同時期の日本のように，女性誌が大衆娯楽誌として家庭で楽しめるものになっている（前島 2007）ことを意味するのではない．むしろ中国では，長い間，女性誌は男性読者とより緊密な関係性を結んでいた．

　第 1 章で詳述するように，近代中国における女子教育の飛躍的な発展は南京政府が樹立された1928年を待たなければならず，定期的な雑誌購読に支出をさく新中間層の拡大もそれと時期が重なっている．その当時，とりわけ教育・出版の中心地である上海では，女性誌の読み手・書き手をめぐるジェンダー的再編が顕著に見られる．それ以前の読書市場においては男性読者のほうが圧倒的に多く，女性をターゲットとする商業的な活字メディアの存立する土壌はあまりなかった．『婦女雑誌』[13]（1915-1931，商務印書館）など一見「女性メディア」のように見える女性誌も，実は「女性に注目する雑誌」（周 1999：116）であって，「女性向けの雑誌」であるとは限らなかった．そもそも近代中国のフェミニズム運動は男性主導で始められ[14]（李 2016；楊 2016），女性の解放を近代化の重要な一環だと認識した中国の男性知識人はフェミニズム論に熱を上げていた．特に啓蒙論が盛んだった五四新文化運動期では，女性誌を「婦人問題を共同に研究する場」（陳 2006：145）として自ら進んで購読することもあったのである．

　『玲瓏』は女性読者を対象とし，女性中心の言説空間の創出を徹底しようとした点において，それ以前の女性誌と一線を画す．同誌は1931年 3 月に創刊されたが，当初から，「本誌が女性唯一の代弁者である」（1931：147）と明言し，「姉妹たちの意見を歓迎している」（1931：327），「婦女の優美なる生活を増進する」（1931：13）など「女性向け」の性格を強調している．また，女性編集長陳珍玲を起用し，誌面上における女性読者との濃密な交流を促した．

　「玲瓏」とは「小さくて精巧」という意味を持ち，きゃしゃで愛くるしい女子を描写する言葉として使われているため，雑誌名からもその対象読者が若い女性であることが連想される．第 1 章で論じていくが，新興の女学生を読者層

として獲得するために，同誌は男性読者の排除や購読行為のジェンダー化，女性差別的な表現の摘発といった一連の戦略を行い，強固な女性寄りの姿勢を見せた．その取り組みにより，誌面に女性読者による内面世界の開示や，物事に対する自らの思いを語る投稿が多く見られる．そこから男性中心に構築されるモダンガールの形成論理とはまったく異なるものが見出せるのである．

　第二に，『玲瓏』は，同時代の女性誌のなかで，刊行期間が長く，発行部数も多かった代表的な存在である．1931年3月に創刊された以降，1932年1月の上海事変による一時停刊を除き，1937年8月の戦争勃発まで絶えることなく刊行を続けていた．時局が厳しいなか，7年間も刊行を続けた女性誌は極めて少なく，『玲瓏』は同時代のほかの女性雑誌と比べ，比較的に「長寿」であった．

　表序-1は，南京政府樹立の1928年から日中戦争が全面化する1937年までの期間に，上海で創刊された女性雑誌の一覧表である[15]．この表からわかるように，『玲瓏』のように7年間以上刊行を続け，資料の保存状態も優れている女性誌は，『婦女共鳴』（1929-1944，婦女共鳴社），『中華基督教女青年会会務鳥瞰』（1930-1937，中華基督教女青年会全国協会），『女星』（1932-1941，上海広学会），『女声』（1932-1948，女声出版社）しかない．『玲瓏』はそのなかの唯一の週刊誌である．このメディア形式は，対象読者である女学生の週単位の生活形態に適っているだけでなく，ファッションなどの流行情報を伝達するためにも，月刊に比べて有利であった．

　一方，『玲瓏』は刊行周期が短いだけでなく，サイズもその名が示す通り，とりわけ「玲瓏」であった．「64開」という日本の文庫本と同じくらいの判型が採用されており，当時の雑誌のなかでも独創的であった（図序-1）．

　民国期においては出版データが限定されているため，販売部数に関する正式な史料は残されていないが，初めて『玲瓏』を系統的に検討した何楠（2010）[16]は，懸賞広告の分析から創刊初期の発行部数が2万部に達し，のちの安定期には少なくとも3000部の予約購読部数を維持していたと推論している．筆者が発見した，当時の調査書『全国報館刊社調査』においても，『玲瓏』の販売部数は2万部だと記載されているため（許1936：9），この数値が実態に近いと考えられる．また，週刊誌であることを考えると，年間の販売部数が同時代のほかの女性誌を大いに上回ったと推測できる．1932年の上海では，毎号2万部以上

表序 - 1　上海で創刊された女性雑誌一覧（1928-1937）

創刊年	誌名	版元	刊期	創刊年月～停刊年月
1928	女光	女光週刊社	週刊	1928.1～1930.9
1928	婦女戦線	上海婦女戦線月刊社	月刊	1928.3～1928.5
1928	今代婦女	良友図書印刷公司	月刊	1928.6～1931.7
1928	現代女性	上海現代書局	不明	1928.7～停刊年月不明
1928	上海婦女	上海特別市婦女協会	月刊	1928.8～停刊年月不明
1929	女朋友們	女朋友雑誌社	不明	1929.1～停刊年月不明
1929	婦女共鳴	上海婦女共鳴社	隔週刊・月刊	1929.3～1944.12
1929	女作家雑誌	不明	季刊	1929.9～停刊年月不明
1930	中華基督教女青年会会務鳥瞰	中華基督教女青年会全国協会	月刊	1930.1～1937.3
1931	玲瓏	三和出版社	週刊	1931.3～1937.8
1931	女学生	上海女学生社	月刊	1931.10～1931.11
1932	女星	上海広学会	月刊	1932.1～1941.5
1932	婦女生活	浩蕩刊行社	季刊	1932.6～1933.6
1932	婦女之光	上海婦女之光社	週刊	1932.2～停刊年月不明
1932	女声	女声出版社	隔週刊・月刊	1932.10～1948.1
1932	女朋友	中華出版社	三日刊・週刊	1932.9～1933.1
1933	女子月刊	女子月刊社	月刊	1933.3～1937.7
1933	現代婦女	上海現代婦女社	月刊	1933.4～停刊年月不明
1933	婦人画報	良友図書印刷公司	隔週刊・月刊	1933.4～1937.7
1934	上海女子書画会会刊	上海女子書画会	年刊	1934～1936
1934	現代女性	上海今日学芸社	月刊	1934.7～停刊年月不明
1935	中華婦女節制会年刊	中華婦女節制会	年刊	1935.1～停刊年月不明
1935	女神	女神出版社	月刊	1935.5～停刊年月不明
1935	婦女生活	上海婦女生活社	隔週刊・月刊	1935.7～1941.1
1935	婦女大衆	婦女大衆社	月刊	1935.11～停刊年月不明
1936	上海婦女教育館専刊	上海婦女教育館	不明	1936.4～停刊年月不明
1936	伊斯蘭婦女雑誌	伊斯蘭婦女雑誌	不明	1936.5～停刊年月不明
1936	女星特写	中国図書雑誌公司特写出版社	月刊	1936.5～1936.7
1936	舞園	舞園雑誌社	不明	1936.7～1937.7
1936	婦女文化	上海婦女文化社	月刊	1936.8～停刊年月不明
1936	新婦性	上海友安舞市聯合出版社	隔週刊	1936.9～停刊年月不明
1936	電影与婦女	電影与婦女週刊社	週刊	1936.11～停刊年月不明
1937	婦女知識	婦女知識雑誌社	隔週刊・月刊	1937.1～1937.5
1937	女学生	上海女学生雑誌社	不明	1937.1～停刊年月不明
1937	主婦之友	上海主婦之友社	月刊	1937.4～1937.8

図序-1　『玲瓏』を手に持つ「愛読者李艶娜女士」（1933：754）.

の販売部数を達成した雑誌はわずか12種ほどであったため（胡 2000：356），『玲瓏』は一定の商業的な成功を収めたといえる.

　第三に，最も重要なのは，『玲瓏』は当時上海の女性誌のなかでもモダン文化と親和性を持ち，「モダンガール」を分析する上で恰好の素材となるからである．民国期の主要雑誌を収録したデータベース「民国時期期刊全文数据庫」で検索した結果，『玲瓏』が「モダン〔摩登〕」を最も頻繁に取り上げた雑誌だったことを確認できた[17]．7年にわたる刊行期間において，題目に「モダン」を含む記事が計113件掲載されていた．それに次いで『三六九画報』（91件），『中央日報特刊』（67件），『天津商報画刊』（59件）などがあるが，いずれも「モダン」を冠したコラムや連載小説が盛り込まれたことによるところが大きい．多方面から「モダン」を表現し続けた『玲瓏』とは比較にならない[18]．

　つまり，『玲瓏』はずばぬけて「モダン」への関心が高かった．これまで「上海モダン」を代表する雑誌というと，『良友』画報がとりわけ知られており，それに対する研究関心も高い（Lee 1999；呉 2007；孫編 2007；孫ほか編 2018）．それ

に対し，『玲瓏』はしばしば周辺的な史料として扱われてきた．しかし実際に
は，同時代言説のなかで『玲瓏』は『良友』画報と並んで注目されることもあ
った．1931年5月，国語運動の先兵で中国共産党の最高指導者でもあった瞿秋
白は，五四新文化運動以降の出版文化を踏まえながら，次のように『玲瓏』に
言及している．

> 新式の高等華人がいれば，当然，新式の文学がある．なかでも個性解
> 放・肉体解放主義の新文学は確かに確立された．もちろん，そこには異な
> る流派がたくさんある．たとえば，『良友』画報や『玲瓏』雑誌は，この
> 種の文学が「成熟」期に達した頃に現れたものだ．（瞿 1931［2014］：308-309）

　創刊からわずか2ヵ月しか経っていない時点で，その当時，最も著名な大衆
グラフ誌であった『良友』画報とともに新文学の「成熟」期を代表する読み物
とされることは，なによりも『玲瓏』の知名度の高さを裏付けるものだろう．
ここで瞿の言う「個性解放・肉体解放主義の新文学」（瞿 1931［2014］：308）は，
本書冒頭のモダンガールの定義に挙げられている「性の解放主義」とも関連し
ており，当時においてエロティシズムと混同されがちなモダン風俗の一側面と
して理解できよう．管見の限り，『玲瓏』に関する先行研究で瞿の証言が言及
されたことはほとんどない．「上海モダン」に占めるこの女性誌の位置やそれ
が果たす役割は再検討に値するだろう．

　また，誌面構成からも，モダン文化との高い親和性が見て取れる．ファッシ
ョン，スポーツ，インテリア，化粧品，美容法など，ありとあらゆる最新の流
行情報が集められている．特に外国文化に対する関心が幅広く，「外国趣味」
の涵養に適した媒体ともなっている．たとえば「婦女生活」欄の開設にあたっ
ては，「世界中における女性たちの種々の生活ぶりを掲載する」（1932：330）と
宣伝し，「世界文学園地」では外国小説の翻訳を募り，「異国情調」ではアメリ
カ・イギリス・フランス・フィンランド・ポルトガル・日本・ベトナムといっ
た具合に，世界各地の逸事奇聞を紹介している．

　これほどモダン文化に関心を持ったのはその刊行元である三和社によるとこ
ろが大きい．三和社は，1922年，上海聖ヨハネ大学経済学部に在学していた林
澤蒼（図序-2）によって設立された対外貿易会社である．南京路と四川路の交

図序-2　商学を専攻とした林澤蒼
（『光華年刊』1926(1)：60）

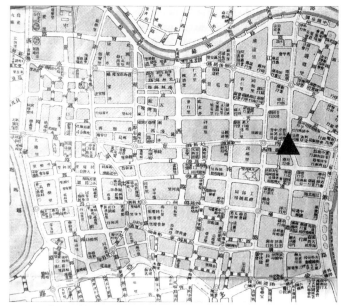

図序-3　『玲瓏』創刊一ヵ月後の1931年4月に上海日新輿地学社によって出版された
「新上海地図」の一部である．三角印を付けているところが南京路と四川路の交差点
にあたる．横の道路が南京路で，縦の道路が四川路である．（上海図書館編 2001：
22）

表序- 2　三和出版社の定期刊行物一覧

	1925	1926	1927	1928	1929	1930	1931	1932	1933	1934	1935	1936	1937	1938	1939	1940	1941	1942	1943	1944	1945	1946	1947
撮影画報	8月												8月										
常識			11月				4月																
玲瓏							3月						8月										
電声								5月									12月						
家庭良友													1月			1月							
中外影訊																6月							8月
精華																					8月	11月	

差するところに位置する 7 階建ての建物を有していた[20]．南京路というのは開港時から上海の中心としての地位を築き上げていた一大繁華街である．英米公共租界とフランス租界に跨るこの道路は，上海の半植民地性の象徴でもあった．三和社のビルは英米公共租界に立地しており，さらに四川路に沿って行くと，日本人居留区の虹口に辿り着くことができる（図序- 3）．つまり地政学的に見ても，『玲瓏』は上海のなかでも多国の情報や文化を素早く摂取できた場所に生まれたといえる．

　三和社のなかの一部門として，三和出版社がある．日中全面戦争が勃発するまでは，主に『撮影画報』『常識』『玲瓏』『電声』の四誌を中心に出版事業を展開していた（表序- 2）．戦前上海において，『撮影画報』は刊行期間の最も長かった写真雑誌であり，また『電声』は発行号数の最も多かった映画雑誌であった（方・史 2006）．写真，映画といった舶来の新しいメディアに多大な関心を抱いていたことは，同出版社のモダニズム出版社としての性格を如実に示している．

　また，写真雑誌や映画雑誌の出版に長けていたことは，視覚性の生産における同社の優位性をも反映している．林澤蒼が立ち上げた「中国撮影学会」という写真撮影団体のメンバーたちは，三和出版社が出した各誌はもちろん，『良友』画報や『図画時報』『上海漫画』など，上海有数の人気グラフ誌のビジュアル・イメージの編集をも支えていた．また『申報』『時報』『新聞報』『時事新報』など，上海の主要新聞紙にも写真を提供していた（図序- 4）．いわば，「上海モダン」の視覚性の生産において重要な役割を担っていたのである．モダンガールが視覚性との結び付きが強いという点から見れば[21]，三和出版社が看過できない存在であることはいうまでもないだろう．

　以上のように，女性誌『玲瓏』は，上海のモダン文化の震源地で生まれたモ

20

図序-4 『撮影画報』が100号記念を迎えた際に誌面に掲載した中国撮影学会の「業績一瞥」である．この写真コラージュから，同団体が上海の主要な活字メディアに視覚性を提供する上で重要な役割を果たしていたことがわかる．（『撮影画報』1927.8.6).

ダンガールの表象のあり方と，それにまつわる上海の半植民地性とジェンダーの問題を明らかにする上で最良の資料であるといえる．

近年，『玲瓏』に注目するモダンガール研究が盛んになってきているが，いずれも本書の問題意識にあったような半植民地上海の文化状況を十分に考慮していないという点を指摘することができる[22]．後述する各章のテーマに従い，適宜取り上げることにする．

現存する『玲瓏』は298号までであり，1937年8月11日をもって停刊したのが確認できる．戦時下，日本軍に占領された上海で三和社のほかの刊行物と合併する形で一時復刊も図られたが，停刊の理由などについての説明はない．本書では，コロンビア大学図書館と上海図書館に所蔵されている資料を利用した[23]．具体的な所蔵・欠号状況については巻末の付録1にまとめた．

3-2．研究の方法

本書は構築主義的な歴史社会学研究の立場を採用し，「モダンガール」を実

在の社会集団としてではなく，表象による社会的構築物であると捉える．

　分析にあたり重要なのは，表象実践が現実の一部を構成したとはいえ，それは必ずしも実際に人々が置かれていた状況を模写するものではない．多くの場合，表象と実態の循環的な連環の間に生じた齟齬やずれこそ，「ポリティクスとしての表象」の可能性を生み出す．ここにおいて，表象されるものだけでなく，表象されないものも当該事項に対する人々の印象を薄めることにつながるため，ポリティクスの一環になる（菅・山崎 2006：186）．本書はその両方に目を配り，モダンガール表象の創出に関する戦略と，それによって伝わるジェンダーの主張を明らかにする．

　近年，中国ジェンダー史領域において，表象という視点を明確に意識した研究がなされつつある（王・呂編 2016；中国女性史研究会編 2016）．それらは「メディアを統制する権力のあり方と，その権力の志向するジェンダー秩序はどのようなものなのか．……それを揺るがす戦略はなぜ有効／無効なのか」（小浜 2016：14）といった問題意識からメディアに現れる女性像・男性像を捉えている．

　このような問題意識を半植民地主義の視座に立つ本書に援用すれば，自国の女性像・男性像のみならず，誌面における多国籍の外国人の表象の構築にも注目すべきだろう．自他認識の問題まで視野に入れれば，半植民地のモダンガールに関するジェンダー・セクシュアリティ規範の形成について，さらなる多層的かつダイナミックなメカニズムを浮かび上がらせることができると考えられる．

　以上を踏まえ，本書では，『玲瓏』におけるモダンガール表象の分析にあたり，具体的に2つの分析軸を設定しておく．

　1つは，論説とビジュアル・イメージの両方から中国人モダンガールの表象のされ方を考察し，そこからどのような中国人モダンガールが理想とされていたのかを明らかにする．とりわけそれが「権力の志向するジェンダー秩序」と如何なる関係性を持ち，その関係性の構築において，どのような表象のポリティクスが働いていたのかを検討する．

　もう1つは，そうした表象のポリティクスがトランスナショナルな文脈においてどのように維持・変容されていたのかを明らかにすべく，「西洋」と「日

本」のモダンガール・イメージについて考察を行う．

　なお，分析にあたり，『玲瓏』のみならず，三和出版社のほかの定期刊行物や同時代の女性誌も広く取り上げ，適宜比較に用いることで，『玲瓏』が生み出したモダンガール表象及びそれをめぐる歴史的状況をより立体的に描き出すこととしたい．

4．本書の構成

　以下，各章の構成と概要を示しておく．

　第1章では，モダンガール表象の生産と流通に大きく寄与した「女性メディア」としての女性誌の確立について，『玲瓏』の創刊経緯に注目しながら検討する．女子教育の成長を背景にして行われた三和出版社の出版戦略を追っていくことで，同誌の創刊が女性中心の言説空間の誕生を象徴するものであったことを示す．その上で，上海における「モダン」が，強烈な女性視点をも含んでいたことを併せて指摘する．

　続く第2－5章はそうした男性中心のまなざしを相対化する場において，いかなるモダンガールが表象されているのかを詳しく見ていく．まず第2章では，モダンガールについての語りとその編成論理を検討する．「外見／内面」という対立項に基づくモダンガール批判が見られるが，そこには異なる2つの論理が存在することを指摘する．誌上での女性の外見的魅力（=性的魅力）を肯定する視線は，南京政府期における女性性の回復の文脈において，先行研究が示す「母性」（=性別役割）とは異なる経路を辿っていたことを明らかにする．

　第3章では，表紙を中心にモダンガールのビジュアル・イメージを分析する．性別役割は日々の日常生活のなかで演じられることによって確立するものだということを踏まえ，表紙写真に掲げられるモダンガールの身体イメージから，理想とされるジェンダー・セクシュアリティ規範を読み解いていく．誌上における「母親の不在」や美しさ規範の提唱からモダンガールが「産む性」としての女性身体・性別役割のオルタナティブを提示したことを確認する．

　第2章と第3章の分析を通して，母役割から離れて性的魅力の発揚に女性の価値を見出すという理想的なモダンガールのイメージが浮かび上がってくる．

続く第4章と第5章は，そうした特徴がトランスナショナルなまなざしのもとでどのように維持・促進されていたのかを検討する．第4章では，「モダンガール」の代表格とされるハリウッドの女優像を対象に，誌面上のジェンダー構築における「西洋」の位置付けと機能を分析する．オクシデンタリズムの視点から見れば，性的主体としてのハリウッド女優を前面化させ，また「ハリウッド」ないし「アメリカ」を「女の独立国」という虚構の文化統合体として捉えることは，「西洋」を流用し，現実の中国女性の閉塞感を逆照射する反体制的な表象戦略だと見ることができる．従来の「西洋」の反体制的な利用というのは，西洋由来の近代家族イデオロギーをもって儒教的な家父長制に抗う，いわば「西洋」に対して「父探し」の側面があると指摘されてきたが，本章の分析から明らかになるのは，女性の立場から主体性と連帯を追求する「姉妹探し」の衝動である．

　第5章では，「日本」へのまなざしを踏まえつつ，それと関連する「モダンガール」の表象のされ方を分析する．まず「日本女性＝賢妻良母」というステレオタイプの確立を確認し，それは母性主義への抵抗を強化する点においては「反体制」であると同時に，日本の負の側面を際立たせる点においては「反日本」でもあったことを指摘する．こうした「二重抵抗」の構図は，いみじくも民族主義と植民地主義という中国女性に課された「二重抑圧」に対応する表象戦略であったといえる．一方，それを裏返すような形で，誌面上では性的魅力を発揮しつつ，民族主義と植民地主義のどちらにも安易に与しない境界侵犯的な「モガ」も登場していた．国籍が曖昧で正体不明な「女性スパイ」に象徴されるこの種のモダンガールは，半植民地における女性表象の異種混淆性を極限に反映するものであり，日本に占領されながらもなお「上海グレーゾーン」と呼ばれる来たる時代につながっていくものである．

　終章では，これまでの分析で得た知見をとりまとめ，上海の半植民地主義とジェンダーについて考察を行う．女性中心の言説空間『玲瓏』のなかの「モダンガール」を通して，母性主義イデオロギーが押し付けられるなかでも，上海の女性向けメディアにおいて性的魅力を正当化する表象戦略が維持されていたことが確認できる．そうした多方向な女性の抵抗文化によって逆照射されるのは，メインストリームの母性主義自体の曖昧さと，多層的な勢力間で生まれた

ジェンダーに関する豊かな可能性である．一見，亜流で逸脱的な「モダンガール」はこうして，上海の半植民地性の核心を突く存在であったともいえる．

注 ────────────────────────────────

1　国民革命とは，国民党を中心とした国民革命軍が租界の接収や各地軍閥の打倒を断行し，中国の統一を図ろうとする革命運動のことである．狭義には，1924年1月の中国国民党第一回全国代表大会から1928年6月の北京攻略，あるいは1928年12月の東三省張学良政権の「易幟」までの期間を指す．上海に関して言うと，革命軍が1927年3月に上海を占領し「上海特別市臨時政府」を樹立した．国民革命の進展およびその後の南京政府の国家建設については石川禎浩（2010）を参照されたい．

2　近代中国では，「賢妻良母」「良母賢妻」「賢母良妻」などの言い方が混在していた．日本から良妻賢母思想が伝来した清末民国初期では，「賢母良妻」が用いられていたが，1920年代半ば頃になると，「賢妻良母」という言葉が流行り出し，次第に定着した（王2015：6）．こうした日中文化の連動を踏まえた上で，本書では，中国国内の状況や言論を捉える際に「賢妻良母」と表記し，日本の状況を記述する際には日本語にしたがって「良妻賢母」とする．

3　五四新文化運動とは，1915年から1920年代中期にかけて，広範な領域にわたって行われた社会運動のことである．政治面では，1919年パリ講和会議のベルサイユ条約の結果への不満から発生した，反帝国主義を掲げる学生運動・大衆運動のことを指している．それと並行して，文化面では，儒教に代表される旧道徳・旧文化の打破を提唱するデモクラシーの風潮を指している．通説的な研究は周策縦（Chow Tse-Tsung 1960＝1999）を参照されたい．

4　劉禾（Lydia H. Liu 1995＝2022）によれば，「現代」は日本語訳を参照に中国に導入された．一方，「摩登」は欧文から中国語に音訳した言葉であった．

5　前田河広一郎は近代日本のプロレタリア文学者であり，『種蒔く人』『文藝戦線』などの左翼文芸誌で活躍していた人物である．また，ブルジョワ文壇の代表者菊池寛との論争でよく知られている．彼は1928年11月に上海を訪問し，創造社のメンバーと会見した．

6　「半植民地主義」の視座を用いた日本側の研究として，上海のモダニズム文学に焦点を当てた鈴木将久（2012）の研究がある．

7　また，阿部潔・古川彰（2011）は表象のことを「独自の意味付与実践を通じて社会や文化を構築する媒体として理解される」（阿部・古川 2011：71）としている．メディアを介してなされた様々な表象及びその表象が形成される実践のプロセス自体，現実社会を構築する機能を果たす．それは，性別が社会的・文化的に作られていくものだと主張する「ジェンダー」概念とも親和性があり，社会表象を通じてジェンダーの構築を検討することが，この視点下における重要な分析事項になっている（Gill 2007；阿部・古川2011）．

8　「小姐」は中上層家庭のお嬢さんのことを指しており，また「太太」は中上層家庭の奥さん，有閑婦人を意味する言葉である．ここで言う「小姐―太太―母親」は，民国期

中国の社会通念の中で中上層階層の女性が経験する規範的なライフコースを指す.

9　Silverberg（2008）はその典型として谷崎潤一郎の小説『痴人の愛』に登場したヒロインのナオミを挙げている.

10　たとえば岩間一弘は，1920年代から1940年代にかけて上海に出現した新中間層を「都市大衆」として捉え，多くが外資系企業の職員あるいはその家族からなるこの層には，外来文化に接触する機会が多く，「愛国主義の屈折と植民地主義の無意識」（岩間2011：43）が見られると述べている.

11　同研究で言う「植民地時代」とは「とりわけ両大戦間期と重なる概ね一九二〇年代から三〇年代までの世界史上の時期」（伊藤ほか編2010：8）を指している. 本論文の射程もこれと重なる. Shih（2001）によれば，中国では，「モダンガール」という言葉は，創造社のメンバーである陶晶孫による短編小説集『音楽会小曲』（1927）に初出した. 民国期上海では，「モダンガール」といった言葉や，それらに名指される女性主体ないし大衆的なモダン風俗が社会現象化したのは，1920年代末からであり，そして1937年の日中全面戦争勃発により一段落したのである.

12　当時，中国では「婦女雑誌」，日本では「婦人雑誌」という呼称が最も用いられていたが，本書では，特に断りがない限り，メディア用語の「女性誌」「女性雑誌」に統一した.

13　上海の商務印書館によって創刊され，1915年から1931年まで刊行され続けた月刊誌である. その刊行年数は「中国女性雑誌史上最長」（村田編2005：5）だとされているように，民国期における代表的な女性誌であった.

14　中国における「feminism」の受容は1910年代末からの五四運動期に始まり，「婦女主義」「女権主義」などの訳語があてられていたが，1930年代になると，次第に「女権主義」が定着した（楊聯芬2019）. 民国期以降，それが「資産階級」「西洋的」だとして断罪され，公式イデオロギーである「婦女解放」と区別され，現在まで至る. 本書ではアカデミックの用語として，広義にジェンダー不平等に対する関心の全体を「フェミニズム」と表現する. 史料を扱う際，原文の漢字のままにする場合もあるが，論述部では基本的に「フェミニズム」という包括的な用語を使用する.

15　荒砂・孟燕堃編（2000）『上海婦女志』に基づき，データベース「民国時期期刊全文数拠庫」を補足資料として，筆者が作成した（https://www.cnbksy.com/portal/footCategory?id=21，2022年6月18日アクセス）.「民国時期期刊全文数拠庫」は1911-1949年にかけて刊行された上海図書館所蔵の雑誌及び新聞20000点あまりを収録している. ただし，この表では新聞の副刊，及び各女学校の校内刊行物は除いた. 前者は新聞に付属している特別欄であり，独立した女性メディアとはいえず，また後者は市販されていなかったからである.

16　何楠（2010）の研究は『玲瓏』を中心的に取り上げた初めての博士論文である.

17　https://www.cnbksy.com/portal/footCategory?id=21（2022年6月18日アクセス）

18　記事内容まで含めれば，関連する情報量はさらに膨らむ. また，この時期に『摩登』（1929.6創刊，摩登社），『銀幕興摩登』（1932.6創刊，銀幕与摩登雑誌社），『摩登週報』（1932.11創刊，摩登週刊社）といった，誌名に「モダン〔摩登〕」を含む刊行物も発行されたが，実際に「モダン」に言及する頻度はそれほど多くなく，『玲瓏』のように

「モダンガール」を熱心に取り上げるというジェンダー的関心も見られない.

19 　林澤蒼（1903-1961）は，中学時代に聖公会関係の附属学校昌世中学で学び，その後，上海聖ヨハネ大学に入学したエリートであった．彼の出版事業は，大学時代に培った趣味やその周辺のネットワークによって支えられていた側面が強い．第1章で取り上げる写真撮影のほか，聖ヨハネ大学の卓球会の代表や，国楽会の会長，学校のサッカー部・バスケットボール部のメンバーを務めたことに示されているように，林自身は豊富なモダン趣味の持ち主であった.

20 　作家張錫昌（2002）の回想による.

21 　MGAW（2008）は，「視覚性の経済」（Visual Economies）を立脚点の1つとして，「モダンガール商品」の広告を分析の対象としている.

22 　主な研究として，Yen Hsiao-pei（2005），Gao Yunxiang（2006），Barbara Mittler（2007），何楠（2010），孔令芝（2011），Wang Gary（2011），章霈琳（2011；2015），Louise Edwards（2012），賈海燕（2012a；2012b；2013），孫麗瑩〔Sun Liying〕（2014；2016；2018），周泓遠（2016），李克強（2000）が挙げられる．また，日本側の『玲瓏』研究は緒に就いたばかりであり，読者欄を分析した米井由美（2017）と，映画関連情報の分析に焦点を当てた菅原慶乃（2022）の研究がある.

23 　コロンビア大学図書館に所蔵されている『玲瓏』はインターネットで公開されている（https://exhibitions.library.columbia.edu/exhibits/show/linglong/collection/index）．また，上海図書館に所蔵されている『玲瓏』および「玲瓏叢書」については，館内のマイクロフィルムとデータベース「全国報刊索引」を利用した（http://www.cnbksy.net/home）.

第 1 章

女性中心の言説空間の誕生：『玲瓏』の創刊

1．「モダン」を競う女性誌

　『玲瓏』が創刊されたのは1931年である．『申報』に掲載された同誌の広告には，しばしば「モダン青年の羅針盤」[1]（『申報』1931.11.20）といったキャッチフレーズが見られ（図1‐1），「モダン」との親和性が明確に示されていた．

　同時期，新しい社会風潮を象徴する「モダン〔摩登〕」という言葉を誌面の目玉に掲げる女性誌はほかにもあった．たとえば，「The Modern Lady」を英語誌名とする『今代婦女』（1928-1931，良友図書印刷公司）の創刊号において，編集側は同誌が「『モダン』だと自称しているのだ」と明記し，雑誌の内容が「常に「モダン」であることを願いたい」と強調している（『今代婦女』1928.6.1）．また，漫画家胡考が創刊した『婦女生活』（1932-1933，浩蕩刊行社）では「モダン辞書〔摩登辞典〕」欄が，新感覚派作家郭建英が編集長を務めた『婦人画報』（1933-1937，良友図書印刷公司）では「モダン生活学講座〔摩登生活学講座〕」欄が設けられた．1920年代末から1930年代初頭にかけて相次いで創刊された通俗的な女性誌で「モダン」は誌面を構成する上で重要な要素となっていた．

　一方，同時期において「モダン」はしばしば軽薄な世相を表す流行語として否定的なニュアンスを帯びていたのもまた事実である（張 2015）．にもかかわらず，当時の女性誌の多くはなぜこんなにも「モダン」に価値を見出しているのだろうか．女性誌と「モダン」の結びつきがいかにして可能となったのか．

　多くの研究は，都市女性のライフスタイルの変化をその要因として捉えてきた．たとえば，杜若松は『玲瓏』が「中国女性の都市化する傾向を代表する」（杜 2016：36）女性誌だったとしている．また，『婦人画報』を「『モダン』の女性読本」（李 2008：115）と位置付けた李暁紅は，その誌面内容が新しいライフ

図1-1　創刊の年に『申報』に載せられた広告．一番右側に「婦女の唯一の週刊，モダン青年の羅針盤」といったキャッチフレーズが見られる．(『申報』1931.11.20)

スタイルを追求する都市女性層の願望に呼応している点を強調した．つまり，女性誌の「モダン」は女性の新しいライフスタイルを提示した点にあるという主張である．

　雑誌の内容が新鮮で現実の女性を取り巻く都会的な雰囲気に合致するという点から「モダン」を理解することはもちろん重要である．だが，そもそも一定層の女性が女性誌を購読すること自体，当時の新しいライフスタイルの１つであり，それにより女性誌が形式的な変化を遂げつつあったことを看過してはならない．

　というのも，近代中国では，女性誌は必ずしも「女性向け」であるとは限らず，「女性読者」や「女性文化」との結びつきもそれほど自明なものではなかった．のちに詳述するように，これら「モダン」を目指す女性誌の創刊はちょうど女子教育規模の急拡大と時期が重なっており，女性読者を強く意識している点においては，それ以前の女性誌とは大きく異なっていた．『玲瓏』創刊の動機を記述した次の回想からも，この分岐点の所在が垣間見られる．

　　第 1 号の刊行にあたって，我々はただ試してみたかっただけだった．上
海では女性向け刊行物があまりないという話が出たので，完全なる婦人刊
行物を作ろうということを思い付いた．これにより語りたいが語る機会が
ない婦人たちも，意見表明の場が得られる．……我々は永遠に婦人界の忠
実な味方になると決めた．（1933：935-936）

　当時ではすでに「女」「女性」「婦女」などを誌名に冠する新聞・雑誌が多数
刊行されており，また『良友』画報のような，都会的なライフスタイルを満載
する女性たちの愛読誌が存在していた．それでもなお「女性向け刊行物があま
りない」と感じたのはなぜだろうか．おそらく，それら刊行物が「女性向け」
という点で疑う余地があると思われたからではないだろうか．だからこそ対応
策として「完全なる婦人刊行物」を作ることを考案し強調したのだと考えられる．
　換言すると，この時点で「女性向け刊行物」や「完全なる婦人刊行物」への
需要が以前にもまして顕在化したといえる．後述するとおり，こうした新しい
ニーズは，女性読者層の拡大なしには成立できず，またニーズを満たすための
様々な戦略とそれによる女性誌の形式的な変化が，その新しさゆえに，紛れも
なく「モダン」文化の一環ともなった．以下では，誌面における「モダンガー
ル」の具体的な分析を行う前に，まずそれを生み出す媒体自体の特徴を明らか
にしたい[2]．

2．女性読者層の拡大

2-1．女子教育の成長

　1920年代末から女性誌が相次いで創刊されることの背後には，女子教育の推
進による女性読者層の拡大がある[3]．民国元年（1912）に「中学校令」「女子中学
章程」の頒布により，「女子中学」の設立が明文化されたとはいえ，1920年代
初頭という時点で，中国ではまだ半分の省級行政区に官立の女子中学はなく，
全国の女学生数も 3 千人程度にとどまっていた（程1936）．そして，女子高等
教育もまったく展開されていない状況にあり，「女子師範学校章程」は「八年
間ぐらい名ばかりの存在だった」（陶1922：245）と言われたほどである[4]．

表 1 - 1　中等教育機関の生徒数[5]

	1922年度	1929年度	1930年度			
	中学校	中学校	中学校	師範学校	職業学校	合計
女子	3,249 (3.14%)	33,073 (13.3%)	56,851	22,612	10,923	90,386 (17.56%)
男子	100,136 (96.86%)	215,595 (86.7%)	324,571	70,928	28,724	424,223 (82.44%)
合計	103,385 (100%)	248,668 (100%)	381,422	93,540	39,647	514,609 (100%)

　しかし，五四新文化運動期の男女共学を唱える思潮に後押しされる形で，1922年には女性を本格的に中等以上の教育体制に包摂する「壬戌学制」が公布された（璩・唐編 2007）．現に女性に門戸を開く大学が多くなり，また一部の中学校は男子だけでなく，女子の中等教育機関にもなったという新しい変化が訪れた[6]．以降，女学生の数はなだらかに増加し，1928年の国民党南京政権発足を契機に，女子教育の整備に拍車がかけられると，女性の中等以上の教育機関への進学が一気に目覚ましくなった．

　表 1 - 1 と表 1 - 2 は，民国教育史上の主要年度における中等・高等教育機関に在学している生徒数・学生数をまとめたものである．

　1922年は男女共学を認める「壬戌学制」が頒布された年で，1929年と1930年は新政権が樹立された直後の教育の急成長期にあたる．この表を見てわかるように，1922年から1929年までのたった 7 年間で，中学校の女子生徒の数は約10倍も増加し，1929年度では 3 万人を超え，さらに翌年度では 5 万 6 千へと急速に拡大していった．当時の学制とは男女を同一視する「単軌制」が採用されており，在学者数にジェンダー差が見られるものの，制度上では女子と男子は同レベルの教育を経験することができるようになっている（図 1 - 2）．女子の中等教育機関は中学校のみならず，師範学校，職業学校，補習学校といった選択肢も存在した．表 1 - 1 にあるように，1930年度の統計には中学校のほか，職業学校と師範学校の在学者数も示されている．職業学校10923人，師範学校22612人を加算すると，1930年代初頭における女学生数は 9 万人を超えることになる．さらに，この時期，中学校卒業後に大学進学を考える女性も増えてきており，男子学生の 1 割程度にすぎないが，1929年度には2520人，1930年度に

表 1 - 2　高等教育機関の学生数[7]

	1929年度	1930年度
女子	2,520 (9.88%)	3,283 (10.81%)
男子	22,986 (91.12%)	27,087 (89.19%)
合計	25,506 (100%)	30,370 (100%)

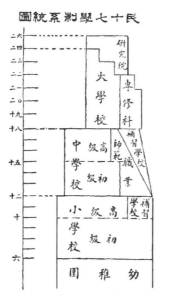

図 1 - 2　1928年に改定された新学制（程 1936：119）

は3283人の女学生が大学に在学していた（表 1 - 2）．なお，前述の統計には教
会系の女学校・大学や留学生が含まれておらず，実際の人数はさらに多かった
と推測できる．

　このように，1920年代末から，中等以上の女子教育は飛躍的に拡張していっ
た．そして，表 1 - 1 と表 1 - 2 の男女在学者数の割合の変化から見て取れるよ
うに，その成長の勢いは男子教育の発展を上回っていたのである．

　なかでも，上海は突出した地域であった．1929年度の「上海市公私立各級学
校概況統計表」によると，上海における98校の中学校には，3316人の女学生が

いた．この人数は上海の中学生全体の約20.8％を占めている（段 2016：62）．も
ちろん男女の教育機会均等が制度的に保障されたとはいえ，実態におけるジェ
ンダー格差が相変わらず顕著であった．しかし，当時中国全国の中学生に占め
る女子の割合が13.3％にすぎなかったことを考えると，上海の女子教育が中
国国内において特に進んでいたことは明らかであろう。[8]

　1920年代末からの上海を中心とする中国の女子教育の飛躍的な成長は，メデ
ィアをめぐる状況にも大きな変化をもたらした．女子教育の急速な発展は，一
定程度の学識を収め，活字メディアの読み書きができる女性読者を大量に産み
出す結果につながったのである．そして『玲瓏』はその真っ只中の1931年に創
刊を迎えた．新たに読書市場に参入する女性たちにとって，『玲瓏』はどのよ
うな存在だったのだろうか．

2-2．課外読物としての女性誌

　女学生の登場が市場利益をもたらすことは清末期からすでに出版側に認識さ
れていた．たとえば，近代的な教科書市場を開拓した商務印書館は，女子教育
が清朝政府の公認によって制度化した当初から，女学校や師範学校のために教
科書の編纂・販売に取り組み始めた（Reed 2004：199）．また，同社傘下の『婦
女雑誌』に教科書の販促を担わせることで，学校側との関係を深めようとした
のである（陳 2006：137-139）．

　ところが1930年代になると，「婦女雑誌」という類の読み物は，女学生読者
層と緊密な関係にありながら，学業を補助する雑誌と質的な差異を示していた．
象徴的な一例は，上述の『婦女雑誌』の変容である．陳姃湲によれば，1910年
代の創刊初期では女学生たちの「参考書」（陳 2006：137）であった同誌は，五
四新文化運動期に男性知識人が「婦人問題を共同に研究する場」（陳 2006：145）
と化したが，南京政府期に入ると女学生との関係が再び強まっていく．ただ，
従来の「参考書」としてのあり方とは打って変わり，余暇・娯楽の側面が際立
つようになった．

　『玲瓏』も変容後の『婦女雑誌』と似ており，女学生と緊密な関係を結びつ
つも，学校のカリキュラムから離れた誌面作りをしていた．次の表1-3は，
創刊号に載せられた作者の紹介をまとめたものである．

表 1‑3　創刊号における執筆者紹介付きの記事

名前	投稿記事	作者紹介	写真
張品恵	夫の浮気	文学が上手．かつて燕京大学の修士号を取った後に，上海の名門女学校で教鞭を執ったことがある．これは最近，彼女による最も興味深い作品だ．	なし
李翠貞	女子と音楽	6歳からピアノを練習し始め，幼い頃にすでに名を成した．今日に至り，極めて要領を得ており，各学校で教鞭を執ってきた．その業績は優れたものだ．	あり
蓓拉	慈善舞踊会の珍聞	培成女学の文学家．	なし
薛錦園	彼からの手紙	容姿端麗．社交場で盛名を馳せている．この文章は彼女が感情を込めて書いたものであるため，一字一句，心から表している．これを読むと，婦人の心理の大半が分かる．	あり
梁佩琴	私の交際	上海の社交場で最も活躍している名媛．交際の腕が一流だ．この文章は我々に充分な指導を与えてくれる．	あり
楊一珠	独身主義	中西女塾の優等生で昨年に中学部を卒業した．	あり
梁雪清	改革すべき現代家庭のインテリ	文章が達者で，文華図画雑誌の編集者を務めている．	なし
鄭美秀	女子とダンス	啓秀女塾の優等生であり，今年で卒業する．スペインダンスに精通し，現在の女子ダンスについて最も研鑽している人だ．	あり
梁佩芬	男性観	交際が広く，ダンスに長けている．男性友達が頗る多く，男性に対する観察が極めて厳しい．この文章はその経験から得られたものだ．	あり

　この表から分かるように，投稿者は在学中の女学生のみならず，すでに卒業して仕事に就いている人もいた．女学生としての経験や出身校は，『玲瓏』が提示したい対象読者層を鮮明に表す重要な情報であり，当事者が自己を規定する上でも大きな意味を持っていたことが垣間見られる[9]．また，仕事を持っている場合は，教員や編集者など，学校教育で培った知識を直接に活かせる職種に就くことが多かったことも見て取れる．

　ただし，執筆者が教育の現場に近いところに身を置いていたとはいえ，投稿内容は男女交際・趣味嗜好・美容装飾からなっており，学業の世界以外の豊かな生活情報を提示するものがほとんどである（図1‑3）．

　1931年に上海の聖マリア女子中学に進学した女性作家張愛玲の回想によれば，『玲瓏』とは「1930年代の女学生なら誰もが一冊を手に取っていた」（張1944：

図1‒3　これが典型的な1ページである．「指輪を
嵌めることの研究〔戴戒子之研究〕」（葛璐茜 1931：
44）と題するこの文章には，投稿者である葛璐茜の
写真が付されている．また「葛女史は中西女塾の優
等生だった．装飾に通ずる」という紹介もある．

16) 雑誌だったという．この発言は，改めて同誌がいかに当時の女学生に人気
だったのかを証言してくれるだろう．また，張は雑誌の内容について，「一方
で映画スターの美容秘技を伝授し，他方で容姿を美しくした女子たちが如何に
して男子からの攻撃を厳密に防げるかを教えている」（張 1944：16）と振り返っ
ている．もちろん実際の誌面はこれらの内容にとどまらないが，やはり当時の
女学生読者に興味を持たせたのは，学業とは無関係の余暇やレジャー，そして
男女交際といった内容だったことが見て取れる．

　その背景として，男女共学がある程度実行されたため，新興の中学生雑誌の
ほうが男女を問わず学業を補助する役割を担っていたと考えられる．この時期，
『中学生』（1930年創刊，開明書店），『中学生文芸』（1930年創刊，上海中学生雑誌社），
『新学生』（1931年創刊，光華書局）といった，中等教育の拡張を意識した雑誌が
次々と創刊を迎えた．作家・学者の投稿や，国語，数学，英語など学校内のカ
リキュラムと関連する学習記事がその主な内容だった．また誌面には女学生の
投稿も散見された．

　つまり，女学生を中心とする新興の女性読者層には，学業を補完するための中学生雑誌が用意される一方，勉学とはまったく別の方向で，彼女たちの余暇を充実させるための女性誌もまた供給されていた．『玲瓏』は後者のカテゴリーに属しているといえる．言い換えれば，女学生の「課外読物」としての側面があった．このことは，次のような編集者による発言からも窺えよう．

　　本号が出版された際，各学校はすでにお休みに入ったのだろう．各学校の姉妹たちが家に帰ったら，誰もが合格した成績表を受け取ることができるよう願ってやまない．そうなるとこの夏休みを充分に享受できるのだ．暇な時は，本誌を一冊でも手に取って暇をつぶして欲しい．（珍玲 1931：507）

　また，学校関係者も『玲瓏』を「課外読物」と認識していたようである．たとえば，上海の中西女塾の教頭だった胡景昭は，「雑誌『玲瓏』を確認したところ，その内容は生徒にとってなお有益だと考えられる」と述べ，「ただ生徒の向上心を阻害する恐れもあるので，今後は学校に届けないようにしてください」と，『玲瓏』を向学心の上昇に直結しないと見ながらも，許容的な態度を示した（『撮影画報』1931.3.30）．

　この記事が『玲瓏』と版元を同じくする『撮影画報』に掲載されていることを考えれば，確かに自己アピールのきらいもあり，実際に多くの教育関係者がどう反応したのかを別の史料で検証する必要がある．いずれにせよ，同誌が女学生の「課外読物」として読まれ，出版側もそれを狙っていたことは，おそらく事実であろう．

　「課外読物」であるゆえに，制度的な教育や規範にとらわれない読者側の期待と，編集側の雑誌作りの自由が一定程度保証されたと考えられる．とりわけジェンダーという点においてそうであった．再び前出の張愛玲の回想を引けば，「容姿を美しくした女子たちが如何にして男子からの攻撃を厳密に防げるか」（張 1944：16）といった男女間の攻防に関する内容が，読者の回想で最も印象に残るほど特徴的な部分となったのである．

　では，こうした関心はいかにして醸成されたのか．また，「女性向け刊行物」や「完全なる婦人刊行物」を目指した『玲瓏』においてどのように表現されて

いるのか．次に，この雑誌が誕生した歴史的時点に立ち戻り，それが女性中心の言説空間として確立した経緯を追っていく．

3．『玲瓏』の創刊経緯

3‒1．女性読者の包摂

女学生読者層の拡大がもたらした新たな読書市場を獲得すべく，『玲瓏』の版元である三和社は様々な試行錯誤をしていた．そもそも，三和社は新しい情報交流の場を立ち上げるよりも，まず新興の女学生読者を既存の『撮影画報』に包摂しようとする出版戦略を取っていた．しかし，それが挫折し，結果的に『玲瓏』という斬新な場が創設されるに至ったのである．このプロセスから，1930年前後において，「モダン」風潮の只中にあったメディアがどのようなジェンダーの課題に直面し，どのように性別分化していったのかを窺うことができる．

三和社が最初に出した定期刊行物は『畫報』であった．その名が表す通り，1920年代半ば頃に起きた画報の出版ブームに迎合して創刊されたものである[10]．創刊まもなくに『中国撮影学会画報』に誌名が変更されたが，『撮影画報』という略称で知られ，また1931年に実際に『撮影画報』に改名されたため，以下，記述の便宜上，統一して『撮影画報』という名称を用いる．

『撮影画報』は，初めの頃，写真撮影を趣味とするメンバーが集まる場であった．三和社の創立者林澤蒼は，上海聖ヨハネ大学に在学していた頃に同校の写真撮影研究会で会長を務め，フォトコンテストで受賞もした写真撮影の愛好家であった．卒業後，彼が立ち上げた「中国撮影学会」は，『撮影画報』の創刊を直接に促した[11]．現に，1920年代から「美育」という教育理念のもとで，写真撮影は生徒・学生の情操を育てる一環として，上海の各中学・大学に導入されていった（趙俊毅 2013）．女学生も写真撮影に触れる機会が次第に増えていき，『撮影画報』にそうした女性のイメージが見られる（図1‒4）．

しかし，写真撮影を嗜む女性がいたとはいえ，ごく少数であった．この点は『撮影画報』の読者の性別の偏りにも反映されている．広告を見てみれば，初期頃では，タバコや自動車など，主に男性が消費する商品が多く見られ[12]，また

図 1 - 4　（左）「閨秀與撮影」カメラを持って写真撮影の構えをしているモダンな女子が描かれている（『撮影画報』1927.8.6）.
図 1 - 5　（右）「夜読」「会員呂化松の自撮り」という説明がある（『撮影画報』1927.3.19）.

腎虚や夢精の治療薬といった明らかに男性向けの薬品広告が掲載された.[13]　さらに，図 1 - 5 のような，中国撮影学会のメンバーであり，『撮影画報』の愛読者でもあるという典型的な読者像も掲載されていたが，そこに写っていたのはやはり男性である.

　ところが，1920年代末から女子教育が急成長すると，同誌における女性読者の存在感が次第に大きくなっていった．その転換点は特に1927年 8 月に刊行された第201号に見ることができる．巻頭の「編集者言」には，「今回の文字面では，女界からの投稿が特に多く，余の予想を超えた」とあり，内容面には恋愛経験談「愛の試練〔愛的試煉〕」（丁静波女士）や，エッセー「静黙」（麗影女士）といった従来ではめったに見受けられなかった女性読者の書いた文章が掲載された．また，「電話箱」という読者投書欄も新設され，「男女を問わず，一律に投稿を歓迎している」と積極的に投稿を呼びかけた（『撮影画報』1925.8.13）.

　女性読者の存在感が増していったことで，それを取り込もうとする姿勢が，やがて編集方針の転換にも反映された．1927年末に掲載された「来年における本誌の十大刷新〔明年本報十大刷新〕」では，「本誌は女界において売り上げが至って伸びている．来年は女性執筆者をより多く招待するだけでなく，毎号ごとに女子の新装写真を掲載し，詳しい説明も付する」と，女性読者の獲得に力を入れる方針を明言している（『撮影画報』1927.12.24）.

　ターゲットのなかでも,「女学生」は特に重要な位置を占めていた. この時期の巻頭ページには「学生唯一の刊行物」,「なかんずく学校の珍聞を重んじる」といった学生読者層への関心を示すキャッチフレーズが現れていたが (『撮影画報』1927.12.24), とりわけ上海の女学校の登場が多かった.『撮影画報』の 3 周年記念号が「皇后専門号」として組まれたことが象徴的である.「皇后」とは,「ミスキャンパス」を意味する流行語であった. 同号では, 啓明女校, 啓秀女塾, 中西女塾, 聖マリア女子中学, 清心女校, 晏摩氏女校, 崇徳女校というふうに, 上海の名門女学校をほぼ網羅した豪華な女学生報道が大々的になされている (『撮影画報』1928.8.4).

　こうした女学生読者にとって身近な内容は, 彼女たちの目を惹きつけることに成功したようである. 自ら学校生活を語る女学生の投書が増えただけでなく,「うちの学校についての文章が載せられるので, ほとんどのクラスメートが買うのだ」(顧影女士『撮影画報』1930.11.22) という証言もあった.

　このように,『撮影画報』は男性同好を中心とする写真専門誌から, 新興の女性読者層を積極的に包摂しようとする総合的な画報誌へと舵を切りつつあった. そして, 広告面にもこの変化は見られる. 女性読者の浮上に伴い, 香水やハイヒールなど, 女性向け商品の出現頻度が一気に高まったのである[14].

　しかし, 女性読者を包摂するように路線転換が図られたとはいえ, 男女読者のニーズが必ずしもそれと一致してはおらず, 両者の間には常に緊張関係が孕まれていた. 特に誌面上から読み取れる女性読者の興味関心が, もっぱら「男子の心理」に偏っており, 男性を批判的に捉える傾向が強く表されていた.

　先に触れたように, 編集方針転換の初期から「愛の試練」という女性の書いた恋愛ものが連載されていた (『撮影画報』1927.8.13-1928.2.11). だが, そこで語られていたのは恋愛の成就でも煩悶でもなく,「女界の同胞たちを警醒する」経験談であり, それによって「男子の情愛の裏面がことごとく暴露される」といったものであった (『撮影画報』1927.12.24). 次の編集者だよりからも窺えるように, 女性読者はしばしば男性心理を知りたがっていたのである.

　　近日, 何通かのピンク色か菫色の手紙が届いており, 男子の心理を詳しく説明するよう求めているのだ. この件に関しては, 読者諸君に助けを乞

わざるを得ない．（『撮影画報』1928.12.15）

　また，翌号において，編集側は「女性読者たちが次々とその卓見と実践の結果を寄せてきた」と，前号の投稿募集の反響が大きかったことを報告している（『撮影画報』1928.12.24）．これらは，「男子の心理」という共通の関心に基づき，女性読者の間で活発なコミュニケーションが行われる可能性を示唆している．

　なぜこのような関心が形成されたのだろうか．考えられる理由の 1 つとして，「社交公開」「自由恋愛」の価値観の浸透によって，異性間交際に対する社会的許容度が上昇したことが挙げられる．五四新文化運動期の議論を経て，1930年代になると，都市部の女性にとって自らの意思に基づいて恋愛・結婚することはもはや机上の空論ではなく，実践の問題になった．中等・高等教育における男女共学の実施からも見て取れるように，風紀問題への懸念を超えて，学校内の男女交際が人格を陶冶し，恋愛結婚をよりスムーズに展開させると期待されることもあった（陳 2003）．実態としては親の不理解や共学校における女子の警戒により，男女間の自由交際が難航する場合もあったが（王 2006；楊 2012），「自由恋愛・自主婚姻」というのが当時の女学生たちの考えの主流になったのは否定できない事実である（厳 2019）．

　何にせよ，「社交公開」「自由恋愛」「自主婚姻」といった観念が普及してはじめて，女性の異性に対する関心自体は合理化され，公の場で晒すことが社会的に許されるようになったといえよう．

　しかし，留意すべきは，「男性」に対する関心が見られつつも，実際に募られた女性読者の投稿には批判的な論調が圧倒的に多かった点である．上記の募集について言えば，多数の投稿のなかで編集側が「頗る一読するに値する」と認めていたのは「金圓女士の傑作『男子と交際する経験』」という記事であった（『撮影画報』1928.12.24）．この記事は，次のような言葉で始まる．

　　貴誌が「理不尽」極まりないではないだろうか．男子の種々たる劣悪な行為や心理について，全く掲載せずにいる．貴誌を読む女子も一部存在することを知っておくべきだろう（友人の多くが貴誌を読んでいるから）．このことは不平等すぎると言わざるを得ない．（金圓女士『撮影画報』1928.12.24）

　続く記述には「余に愚弄された男子は計り知れない」との言及があり，男子の心理は人それぞれなので，個別に対応しなければならないという主張がなされている．そして，文末には「編集の先生たちがもし良識を持っていれば，この文章を公表してください．男子の反駁は一切受理しない」とある．

　この記事では，男性は「種々たる劣悪な行為や心理」の持ち主と描写されており，危険で要注意な存在として語られている．否定的な男性論そのものはさほど画期的なものではなく，五四期のジェンダー論ではすでに「浮浪少年」という類型化した負の男性像が登場していた（楊 2016；龔 2018）．しかし，ここで金圓女士は，従来の否定的な男性論のように男性の加害性への警戒や処罰を呼びかけ，女性の地位向上のみを目指していたわけではない．むしろ文章の冒頭の発言は，男性を表現する権利を訴えるものとして捉えられる．男性に見られているのに，彼らを見つめ，見極める女性のまなざしの不在を問題視する意識が強く表されているのである．

　言い換えれば，当時の誌面には男性のまなざしが充満していた．女性読者が増えてきたとはいえ，男性読者の数とは比べ物にならなかったため，女性に関する記事は男性からのまなざしを免れない面もあった．たとえば，『撮影画報』の4周年記念号に寄せられた祝辞のなかに，まさに男性読者の読む体験を如実に反映しているものがあった．

　　　上海全域の画報を見渡しても，『撮影画報』が「甚だ佳妙」の至りだ．
　　……特に女性の心理が赤裸々に描写されており，男性読者に「甚だ佳妙」
　　「甚だ佳妙」と言わせるのだ．（黄文農『撮影画報』1929.8.10）

　　　『撮影画報』に掲載されている女子の写真に賛美を申し上げたい．この
　　種の素材は青春の楽園だ．艶美爛漫な花のようだ．（魯少飛『撮影画報』
　　1929.8.10）

　この記念号に祝辞を送ったのは，ほとんどが上海出版界の有名人であった．[15]上記の黄文農と魯少飛はいずれも当時の上海漫画界で活躍していた漫画家であり，モダンガールを揶揄する作品を数少なからず創作した人物である．[16]祝辞の文面から，まず2人とも『撮影画報』の愛読者だったことがわかる．そして，

自らの漫画創作の立場性と同様に，エロティックなまなざしをもって誌面上の女性イメージを興味津々に見ていた様子が窺える．

　こうした男性からの凝視が，同じ言説空間を共有していた女性読者に不安をもたらしたことは言うまでもない．「本誌を読む『男性』は『女性』より多く，男性の審美眼が『至れり尽くせり』だ」と皮肉っている女性読者もいた（玫瑰『撮影画報』1929.8.10）．「男性の審美眼」というのは，まさに前出の祝辞に見られるような女性を鑑賞される客体とする男性のまなざしのことを指しているのだろう．

　つまり，男性の心理を暴露し，男性を表現しようとする女性読者たちの主張は，「自由恋愛・自主婚姻」の提唱だけでなく，男女間におけるまなざしの不均衡状況への不満に由来する側面もあった．¹⁷これを受け，編集側は女性読者のニーズに応じてより女性の視点に寄り添う誌面づくりを始めた．女性の投稿を掲載することが多くなり，また「編集者言」において「童貞の識別法〔辨別処男〕」や「男性の恐慌〔男性恐慌〕」といった女性のまなざしに基づく記事がことさらに勧められるようになった（『撮影画報』1930.4.26）．これで同誌は女性の視点を配慮した「尤も婦女たちに愛読されている」読み物として位置付けられるようになったのである（『撮影画報』1930.8.9）．

3-2．男女読者の棲み分け

　しかし，これは女性読者の包摂に成功したことを意味しているわけではない．やがて男子の心理を暴き出すという狙いで，負の男性像を描く記事が増えていくと，今度は男性読者の反感を買ってしまい，衝突を起こすこともあった．

　たとえば，1931年2月7日号の「醜態暴露」欄に女性読者の投稿「男子は嫉妬がわからない〔男子不解妬忌〕」が掲載された（華愛玉『撮影画報』1931.2.7）．これを読んだ男性読者は「一部の読者を代表して不服を唱えたい」と述べ，男性の嫉妬心について，「この種の醜態は，かえって男性の率直と純朴な性格を表している」と反論した（錫璋『撮影画報』1931.3.7）．

　興味深いことに，こうした男女読者の間で生じた摩擦について，編集側は「このような論争は十分な意義を持っており，読者諸君に一同に参加していただきたい」と呼びかけている（『撮影画報』1931.3.7）．ここで編集側が「論争」

を煽っているのは，もちろん注目を集めるという商業的な意図が込められてい
る[18]．しかし一方，こうした「論争」が読者の分裂を促すという副作用を伴うこ
とも容易に想像できるだろう．

　そこで，すでに亀裂が生じた言説空間のさらなる崩壊を防ぐために考案され
たのが，性別分化した言説の構築である．上記の男性読者の反論が掲載されて
わずか2週間後に，三和社は女性向けに特化した新しい雑誌——女性誌『玲
瓏』——を創刊したのである．

　市場拡張戦略として，三和社は1931年に女性誌『玲瓏』，1932年に映画専門
紙『電声日報』，1934年に映画雑誌『電声』といった具合に，定期刊行物の細
分化を図る創刊を進めていた．『玲瓏』の創刊はこの文脈で捉えられてきた
（孫 2014）．しかし，女性読者層の勃興や女性と男性読者間の齟齬という角度か
ら見れば，この時期に生まれたジェンダー化した言説空間への需要が『玲瓏』
の創刊の大きな背景でもあったと考えられる．いくら女性読者を包摂しようと，
男性読者がいる限り，まなざしをめぐる不均衡な状態は解消されず，女性読者
のニーズを満たすことは難しい．そのため，女性向けの言説空間を構築する必
要性に迫られたのだろう．

　では，女性読者を中心に，女性専用の言説空間を築きあげようとする目論み
はいかにして実現に向かったのだろうか．この目標は同時代のほかの女性誌に
も共有されていたが[19]，『玲瓏』は男性読者の排除にまで踏み込んでいたことに
その特殊性がある．

　男性読者の存在に対する編集側の態度は極めて冷淡であった．たとえば，女
性作者の住所を尋ねる男性読者のことを「唐突すぎる」と批判し拒否する．
「本誌は女性の唯一の代弁者である以上，投稿者の住所に関しては秘密を守る
べきだ．『男士』たちは余計なことをしなくていい」というのである（珍玲
1931：659）．また，女性の名前でなりすまして女性差別の文章を投稿する「つ
まらない男子たち」を容赦なく罵倒し，「このような投稿はすべて紙屑籠に入
れるのが良い」と述べている（1932：569）．こうした編集側の姿勢に不満を抱
く男性も現れたが，しばしば無視される．

　　最近，男子から，本誌が女子のことを贔屓しすぎると説く手紙がよく届

く．こうした批判を我々は放置する．本誌が婦人界の代弁者であり，何よ
りも婦人の幸福を重視しており，公正な論をもって読者たちに知られてい
るからだ．ましてや，男子たちのどこに我々の賞賛に値するものがあるの
か．（1932：613）

　このように，男性読者の要請や訴えの声はほとんど不問に付され，否定され
ていた．こうした構えは，男性を対象読者から排除したことに等しいだろう．
しかし，逆に言えば，このような編集方針があったからこそ，純度の高い「女
性向け」の言説空間を構築可能であったといえる．
　そして，こうした「安全」な環境の中で，かつて『撮影画報』で摩擦を起こ
したような否定的な男性論も再開されることになった．1931年9月の『申報』
に掲載された広告では，「婦女唯一の週刊誌」と並んで，「専ら男子に向けて攻
撃する」という男性嫌悪を露わにするキャッチフレーズが掲げられた（『申報』
1931.9.9）．ここで言う「攻撃」とは，「男子たちに欺かれた事実を寄せて欲し
い」（珍玲 1931：147），「男子の愚計に引っかかり，彼らの醜態に気付いたりす
ることがあれば，どんどん書きなさい」（1931：507），「本誌は男子の醜態を暴
き出す文章を最も歓迎している」（珍玲 1933：246）というふうに，女性による
男性への告発を意味するものであった．
　このような男性読者の排除と，誌面における男性批判が同時進行したことで，
同誌の女性寄りの性格はいっそう強まった．その影響は『撮影画報』にも及ん
でいた．

　玲瓏は婦人の唯一の代弁者であり，しばしば男子に対して攻撃を行って
いる．その議論は頗る合理的であるが，男子を批判しすぎるきらいがあり，
また事実に合わないところも多い．男性読者が不満を持っているとはいえ，
『玲瓏』はその声を掲載しない．この事情に鑑みて，『撮影画報』では324
号から新しい欄を設け，「不平の鳴〔不平之鳴〕」を披露することにした
（撮影画報 1932：1873）．

　もちろん，『玲瓏』が完全に男性読者を排除しきれたわけではない．ただ，
常に男性読者に冷たい目を向けたのは，何よりも「女性向け」ひいては「女性

図1-6 「男性へ贈る」と「女性へ贈る」に区別されている（『撮影画報』1933.1.6）.

限定」の言説空間を維持するためであったと考えられる.「撮影画報」との署名で掲載された上記の記事からは，男性の『玲瓏』に対する不満がにじみ出ているが，同時に『撮影画報』が男性読者に開かれていることをもアピールしている.つまり，『玲瓏』に拒否された男性読者をまた，自社の『撮影画報』に囲い込もうとするのである.商業的に考えると，こうした読者を一人たりとも逃さない戦略は，三和社にとって利益の最大化につながるのではあったに違いない.

このような分担のもとで，男女という二元的な性別カテゴリーはこれまで以上に強く機能するようになり，やがて両誌はそれぞれ異なる性別に向けての言説空間として定着した.たとえば，「最も歓迎されている新年プレゼント〔最受歓迎的新年礼品〕」と題する広告では，男性に贈るなら『撮影画報』，女性に贈るなら『玲瓏』となっており，両誌の性別における明確な棲み分けが見て取れる（図1-6）.また，雑誌に名前を印字するサービスを打ち出し，『玲瓏』と『撮影画報』を「最も歓迎されているカップルへの贈り物」と宣伝する広告もあった（1933：323）.

これらの広告は，両誌が性別分化した雑誌ということを読者に認識させるものであったといえる.明確な「分化」戦略の下，『撮影画報』の誌面変革に始まった女性読者層を「包摂」する戦略に取って代わり，女性中心の言説空間を

構築する『玲瓏』の誕生がここに見て取れるのである．

4．「読み」の規定

4‒1．購読する行為のジェンダー化

「完全なる婦人刊行物」を目指した『玲瓏』の出版戦略は，ほかにもあった．先の広告上の工夫からも窺えるように，『玲瓏』のジェンダー化は誌面内容の偏向性にとどまらず，「女性に贈るなら『玲瓏』」というふうに，雑誌そのものをめぐる購読行為にも及んでいる．こうしたジェンダーに基づく特定の「読み[20]」を誘導することは，同誌の「女性向け」の性格を確固たるものにしていく上で看過できない仕掛けであった．

　まず，『玲瓏』を読むこと自体，ジェンダー化された行為だとみなされていた可能性を示唆するある男子生徒の手紙を見てみよう．

　　多種多様な雑誌のなかで，『玲瓏』は群を抜く存在だといえよう．人々の興味を沸かせると同時に，価値のある常識を常に教えている．僕は男子だが，『玲瓏』（婦女雑誌）に対して実に無限な興味を持っている．自習の授業となると，いつもそれを手放せない．クラスメートのなかに僕のことを女子だとからかう人もいるが，それでも『玲瓏』を見捨て，読まないことはできない．（鄭越鴻 1935：4077）

『玲瓏』は基本的に男性読者を排除する立場に立っていたが，それは「女性向け」という情報様式を強調するためであり，この原則を破らない限り，男性読者の参入もある程度可能であった．ただし，それは「男性」としてよりも，上記の手紙から窺えるように，『玲瓏』を読む行為を通して「女性」とみなされるようなものであった．このことは同誌の「女性向け」の性格の鮮明さと，女性読者限定雑誌という印象の強烈さを表していよう．それを読む行為自体が男性読者の男性性の無化にもつながるほどだったのである．

　実際，『玲瓏』の表紙写真はしばしば『撮影画報』の表紙や当時の広告ポスターと重なっていた[21]．このため，『玲瓏』自らが唱える「高尚」とは反対に，同誌を男性の性的なまなざしに同化し，女性の客体化を促した雑誌として捉え

る研究もある（章 2015；孫 2016）．しかし，上記の手紙からわかるように，一般に『玲瓏』は男性のエロティックな欲望を充足する雑誌とは見做されておらず，むしろそれを読む行為が女性的だと認識されていた可能性が高いだろう．

　また，買うこともジェンダー化されていた．先の図1‐6の広告について補足すると，なぜ『玲瓏』が女性への良い贈り物になれるのかが，次の説明から読み取れる．

　　　『玲瓏』は婦人の代弁者として，専ら男子の秘密を摘発している．ゆえに，もし男子が『玲瓏』を女友達に贈ることを躊躇わなければ，彼の心が純粋で素直であることを証明できる．そうでなければ，きっと彼に下心があるのだ．姉妹たちが「彼の心」を知りたければ，ぜひ試してみてください！（1932：1716）

　男性を警戒し，女性の視点を前面に出すのが『玲瓏』の方針であったため，あえてそれを購入して彼女に贈る男性は，女性からの厳しい視線に対して平気でいられることを証明できる．男性が雑誌を買うことは，まさに女性の鑑査に順応する態度を示すことにつながるのである．

　また，「男子の偽りを暴こう〔拆穿男子的虚偽〕」と題する記事においても，「見た目はきれいだが，心は蛇蝎のごとき男子が計り知れないほどいる」ため，彼らを見極めるには，「自分のために一年分の玲瓏雑誌を購読して欲しいと願ってみると良い」という提言がなされている．そして，「もし彼が断れば，それは彼が疑わしいことの証明だ」と警告しているのである（1932：7）．ここにおいても，女性が『玲瓏』を介して，異性との付き合いにおける親密さと安定性を把握できると説かれている．

　もちろんこれらの言説は購入を勧めているので，販促こそが目的となっていてその言説を真に受けるべきではない．ただ，重要なのは，これらのレトリックが示す『玲瓏』をめぐる意味付けである．『玲瓏』は女性にとって異性との関係を把握する「試金石」であり，男性にとって女性に対する服従と忠誠心を示す「誓約」であるという位置付けを与えられていた．つまり，所有・贈与を含め，『玲瓏』を購読することに触発される一連のコミュニケーションは，行為主体のジェンダーを表明する契機にもなりうる．その形式と内容面の共振が

『玲瓏』を女性中心のメディアとしての位置を生み出し，再生産していたのである．

4‒2．まなざしの馴致

　さらに，内容を読む際のまなざしのあり方も，同じく女性中心という方向へと規定されていった．それを象徴的に示す一例は，男性のまなざしに抗うべく行われた読者イベント「漫画の検討〔漫画的検討〕」である．

　「漫画の検討」は，1933年 3 月から 5 月にかけて『玲瓏』誌上で開催された批評イベントである．この欄を開設するにあたり，次のようにその趣旨が記載されていた．

> 　　本欄の趣旨は，世間の様々な刊行物に掲載されている女性差別的な漫画について，検討を加えることにある．編集者は力が限られ，一々摘発することはできないため，読者に協力してもらいたい．もしも姉妹たちがそのような作品を見つけたら，ぜひ原作を寄せてください．（1933：500）

　ほかにも，この誌上イベントの開催について，女性に対する男性の「悪意を持って中傷する醜態」（1933：382）を暴くためだとする発言がある．いわば，男性を「攻撃」するという雑誌元来のスタンスと一致しているといえよう．

　ただし，ここで「攻撃」の対象にされていたのは，「女性差別的な漫画」というメディア表現レベルのものであった．実態よりも，女性の描かれ方に異議を申し立てることは，今日の表現でいうと「フェミニスト・メディア批評」にあたっているだろう．事実，この参加型の誌上イベントは，女性読者の行うべきメディア・テキストの読み方を方向付ける役割を期待されていた．

　では，具体的にどのような「女性差別的な」漫画表現が扱われたのだろうか．掲載されている14件の漫画批評は，ほとんどが女性を揶揄・歪曲する漫画表現を糾弾するものであった．たとえば，女性の購買欲を誇張した表現で揶揄する「百貨店を丸ごと買いたい〔願把全間公司買回来〕」という漫画作品（図 1 ‒ 7 ）に対し，次のように辛辣に批評を加えている．

> 　　もし男性が百貨店をまるごと買う能力を持っていれば，彼らが一生この

図1-7 (左) 黄士英の漫画「百貨店を丸ごと買いたい〔願把全間公司買回来〕」を批判する「男子にはこの思いがないのか?〔男子没有此心?〕」と題する投稿(玉 1933：327).
図1-8 (右) 魯少飛の漫画「敬礼〔迎駕〕」を批判する「男子の奴隷根性〔男子的奴顔婢膝〕」と題する投稿(姿夷 1933：442).

ような思いをしないことは可能なのか.この種の独占欲は人間の天性であり,女性に限ったものではない.男性が本当に安分・倹約でいられるのなら,この世もこんなに酷いはずがないのだが.(玉 1933：327)

また,図1-8の漫画では,女性に向けてまるで臣下の礼をするように土下座している男性たちが描かれている.漫画の中心で佇んでいる女子の周りに「Queen」という英文表記が見られる.このような女性優位に見える構図は,当時の上海漫画界では常套句となっており,いままで多くの研究によって論じられてきた(Dong 2008;坂元 2010;鄭 2013).男女の力関係を逆転させた点では,確かに先行研究が指摘するように,「儒教批判の流れを反映する」(坂元 2010：122)という先端的な側面があった.

ところが同時代の女性による批評を見てみると,かなり顰蹙を買った漫画表現だったことがわかる.女性読者である姿夷は,この欄の開設について「痛快に感じた」と述べた上で,女性に向けて土下座するというのは男性自らが人格を害する行為に等しく,その事実をごまかすために「女性が傲慢で眼中人無し

だと中傷する」のは，「悪意に満ちた」のだと批判している（姿夷 1933：442）.
要するに，男性優位のジェンダー秩序を逆転させた女性が表象されているように見えるが，その風刺性を見極めて「女性差別的」と認識することが重要視されていた.

　また，批評の論法にも特徴があり，女性をめぐる事実の歪曲を是正し，あるいは弁解するよりも，むしろ男性に対して批判を加えることに多くの紙幅が割かれている. 上記の例のほかにも，「男子の度胸〔男子的度量〕」（芝 1933：383），「男子はハンガーにすぎない〔男子衣架而已〕」（玉妮 1933：500），「こんなに責任感ある夫はいるのか？〔有這様負責的丈夫嗎？〕」（淑玉 1933：560）といったタイトルが見られる. このように男性論の形で漫画批評を行うところに，前述した『撮影画報』への女性読者の不満と同様に，両性間に横たわっていたまなざしの不均衡状況を打破しようとする女性側の強い意志を看取できるだろう.

　一方，これらの作品を描いた男性漫画家の名前も明記されていた. 黄士英，魯少飛，張振宇というふうに，ほとんどが中国初の漫画家団体上海漫画会のメンバーであり，当時において最も名を馳せた漫画家たちである（祝 2012：178）.なかでも，魯少飛は国民革命時代から国民党の宣伝事業に従事し，のちに『時代漫画（Modern Sketch）』（1934-1937，上海時代図書公司）の編集長をも務めた権威的な存在である. しかも前節で触れたように，『撮影画報』のなかの女子の写真を絶賛した人物でもある. このように見れば，『玲瓏』の「漫画の検討」欄は上海のグラフ誌の権威に対する挑戦だけでなく，改めて『撮影画報』との異なる立場性が浮き彫りになっていた.

　総じて言えば，「漫画の検討」という批評欄の存在は，読者側のメディア・リテラシーを向上させる機能を果たしていたと思われる. 女性差別的な表現への異議申し立てを呼びかけることは，女性読者の察知力・批判力の涵養につながった. また，この欄で扱われている問題作品はそのほとんどがモダンガールのステレオタイプを再生産するものであったため，それらに抵抗することは『玲瓏』独自のモダンガール贔屓のスタンスをも反映している.

　さらに，このイベントが提唱する反女性差別的な「読み」は，おそらく他誌の漫画だけでなく，『玲瓏』の自己点検的な意味合いもあったのではないだろうか. 同誌は「女性向け」の性格を維持するために，常に男性中心で女性差別

的な表現を識別し，抵抗していくことが求められていたのであり，そのスタンスを再確認・再整備する側面が「漫画の検討」にはあったと思われる.

　『玲瓏』には雑多なテキストが入り混じり，一見，矛盾した内容が多く含まれていた．それをより歴史的な視点に沿って解読するためには，まず雑誌自体がいかなる「読み方」，「読ませ方」を創出したのかを把握する必要があるだろう．「漫画の検討」は，この雑誌が読者側にいかなるまなざしを持つべきかを積極的に働きかける装置であった．そのなかでは，多義的な読みは制限され，ジェンダー的に一定な読み方が提示された．すなわち，誌面上の豊富な女性像が男性的なまなざしにとらわれないように，メディア・リテラシーの向上が求められ，結果的に編集側の単なる情報提供にとどまらず，読者自身の読み方を『玲瓏』的な女性中心の言説空間に馴致していったと考えられる.

5.「女性向け」と「モダン」

　本章では，1920年代末からの女子教育の拡大に伴い，上海の雑誌出版界は読者層の質的・量的な変化と書き手のジェンダー的再編を迎え，女性中心の言説空間として創り上げられた『玲瓏』は，そのプロセスを象徴的に示していたことについて論じてきた.

　『撮影画報』との関係性に注目したことで，両誌がこの時期にジェンダー化する形で細分化されていき，市場拡大を図ったことがわかった[22]．男性に見られる客体ではなく，男性を見つめ，男性を論じるという新興の女性読者層のニーズに応じ，三和社は男性読者の排除，購読行為に対するジェンダー的な意味付与，そして女性差別に対する読者のメディア・リテラシーの涵養といった戦略を取ることで，雑誌の「女性向け」という性格を強く押し出した．特に購読や贈与といった誌面外で行われる行為をめぐる意味付与は，『玲瓏』という女性誌が如何にして当時の人々の生活実践に参与し，新たなジェンダー関係の創出に関わったのかを示す好例である．このような仕掛けは，『玲瓏』が他誌にない強烈な女性視点を醸成できたゆえんであると考えられる[23].

　では，同誌の「女性向け」の性格とそれに付随する女性視点をどのように位置付けたらよいだろうか．そもそも近代中国において，女子教育もフェミニズ

ム運動も男性主導で始まった（李 2002；鄭・呂 2010）．男性知識人にとって，女性を抑圧された状況から「解放」することは，社会進化論に適合し，文明国に並ぶためにやり遂げなければならない事業だと認識されていた（Wang 1999）．女性誌で女性問題について論じることは，彼らが特権的な発話主体であることをも意味していた．そうした状況下，女性執筆者がいても常に男性中心的な枠組みの中で，表現できる内容について模索し，交渉し，調停しなければなならなかった（Judge 2015）．

　この背景を考えると，『玲瓏』は男性読者を排除するなどして，「女性誌」と「女性」との距離を端的に縮小し，女性の語りを重視する点において画期的であった．1930年代後期の読書調査では「女性誌はただ女性に注目されており，男子は決して手を出さない」（鐘 1937：575）という報告があがり，「女性誌＝女性読者のメディア」が定着したことが読み取れる．ただ，ここで見過ごしてはならないのは，以前には両者の関係性が当たり前のことではなかった時代もあった点である．『玲瓏』は早くも「女性向け」ないし「女性限定」の言説空間を築き上げようとし，女性読者の書き手・読み手としての優位性を支持した点において特徴的であった．

　ここまで見ればわかるように，「女性向け」に特別に作られた『玲瓏』を購読し，「女が男を論じる」という構図で自己表現することは，当時の女性読者層にとって非常に新しい生活体験であった．こうした媒体の誕生，及びそれに伴う新しいジェンダー関係への模索は，「モダン」を構成する上での重要な要素でもあったと考えられる．特に女性が男性を論じることは，男性の窃視症的な趣味への仕返しであり，その新鮮さと急進性ゆえに先端的だと感じ取られた可能性が高いだろう．

　つまり『玲瓏』が「モダン青年の羅針盤」という自負を持ち得たのは，誌面のファッション・都会的な情報にとどまらず，男女間における「見る／見られる」という従来の関係性を逆転させるほどの新たなジェンダー関係を創出した側面も大きかった．かつて『撮影画報』の誌面改定において女性化の旨と「モダンな前路へと邁進する」ということが同時に主張されていたことは，その傍証となる（『撮影画報』1930.8.9）．のちに創刊された『玲瓏』はさらにこの方針を推し進めた．上海のモダン文化の隆盛には一種の女性視点がつきまとってお

り，同誌はそのことを象徴的に示すメディアだったといえる．

　もちろん，実際に男性読者を排除し切れたことの保証はないし，また編集陣のなかにも男性がいた．したがって執筆者・編集者の性別の真偽にこだわり，『玲瓏』が果たしてどこまで「女性雑誌」だったのかを疑う先行研究が少なからずあった（Wang 2011；孫 2014；章 2015；Sun 2018）．確かに男性が女性になりすまして文章を書く伝統が中国にはあった．しかし本章で見てきたように，重要なのは，「女性向け」という形式性の確立によって，読む側も，作る・語る側も意識的に男性中心的なまなざしを相対化する方向へと導かれていったことであろう．

　続く 2 - 5 章では，こうした女性中心の言説空間のなかで，どのような「モダンガール」が表象されていたのかについて，その編成論理を具体的に見ていく．

注 ────

1　中国語で「青年」という言葉は若者という意味に近く，特にジェンダー的な偏りは見られない．「モダンガール」も「モダン青年」に含まれる．後述するように，女性読者を中心とする『玲瓏』は，実は「モダンガールの羅針盤」にあたるような存在であった．

2　近年，中国のメディア史研究において，メディア自体の形式性に着目する視点が強調されつつあるが（黄編 2018；黄 2022），ジェンダーに対する関心はまだ希薄である．しかし本章が示すように，女性誌というモノをめぐる購読・贈与などの行為も，ジェンダー的な意味を付与され，ジェンダー関係を構築する上で看過できない働きを果たしたのである．

3　この時期は出版の隆盛期でもあった．法制度の整備や，教育規模の拡大，そして図書館事業の進展とあいまって，出版業界が著しく発展した（王・呉 2008）．「民国図書数拠庫」をもとに民国期における書籍の出版点数を推計した比護遥（2022）によれば，1927-1936年は書籍の出版点数が急増した時期である．雑誌などの定期刊行物も同じ傾向にあり，1927-1936年における年間平均出版数は1483.3種に達しており，五四新文化運動期の 5 倍以上になった（葉 2002：1033）．

4　近代中国の女子高等教育が正式に実現したのは，1919年 4 月の北京女子高等師範学校の成立を待たなければならなかった．そして北京女子高等師範学校の前身は，1917年に開校された北京女子師範学校である．

5　程謫凡（1936），梁瓯第・梁瓯霓（1936），銭卓昇（1955）をもとに，筆者が作成．民国期における在学者数の全国調査には限りがあり，年ごとの統計は揃わないが，上記の重要な年度のデータは，女子教育の発展の趨勢を把握する上で参考になると考えられる．

6　教育史研究者の王暁慧によれば，1920年代半ば頃から，「わずかの省の頑固な官庁を
　　除けば，教育界隈では男女共学を主張しなくとも，公然と反対することはなくなった」
　　（王 2015：140）．ただし，民国期を通じて男女共学の内実は様々であり，同じ学校に在
　　学していても，男女が別クラスで授業を受けることもあれば（いわゆる「同校分班」），
　　宿舎制度などの管理法にジェンダー差が見られることもあるという．また，「女子中学」
　　が維持された場合も珍しくない．とりわけ教会学校は別学にこだわるところが多かった
　　（黄 1992）．男女共学体制下の教育現場の実態については，詳細な研究が必要であるが，
　　重要なのは，共学の提唱によって教育における男女平等が強調されるようになり，女子
　　教育が多様化したことであろう．

7　程（1936）をもとに筆者が作成．

8　1927年から1937年にかけて上海で女子教育が多様化していき，中国全国の先頭を走っ
　　た状況については，趙欣（2010）を参照されたい．

9　もちろん「女学生」というのは非常に両義性を持つ表象であった．羨望のまなざしを
　　注がれただけでなく，享楽性・奢侈性を批判されることも少なくない．それゆえ，世間
　　でのモダンガール・イメージと重なる場合もあった．ただ，現存のオーラルヒストリー
　　や回想文などによれば，当事者たちは自らの女学生という身分と，希有な教育資源を独
　　占できたことについて誇らしげに思っていることが多い（李編 2003；中西女中校史編
　　写組 2006；上海市第三女子中学編 2014）．こうした価値観は少なくとも『玲瓏』創刊
　　時の主要読者層である女学生の間で共有されていたと思われる．

10　「画報」とは絵画や写真など図像を中心とする活字媒体のことである．サイズ・ペー
　　ジ数・刊行周期などが定かではなく，新聞に近い「報」の形式を取るものもあれば，雑
　　誌に近い「刊」の形式を取るものもあった．中国では，その歴史は1877年の『寰瀛画
　　報』に遡ることができる（祝 2012）．また，印刷の面からいうと，清末期ではまだ石印
　　だったが，のちに銅版印刷，凹版印刷の導入により，技術が著しく発展していった．そ
　　れを背景に，1925年頃，俗称「画報潮」という画報の創刊ブームが起きたわけである
　　（薩 1932）．『畫報』が創刊されたのはちょうどこの年であった．

11　「中国撮影学会」は1925年8月に設立され，『撮影画報』の定期購読者だけを会員とす
　　る写真撮影同好会であった．初期では林澤蒼とその周辺の数十人しかいなかったが，
　　1928年には800人あまりの会員を擁する団体までに成長した（陳・徐 2011：247）．また，
　　林は写真撮影同好団体「黒白影社」の創立者の一人でもあり，中国の写真撮影史上避
　　けては通れない人物だったのである．

12　『撮影画報』1925年10月24日号，1926年1月2日号など．

13　『撮影画報』1925年8月22日号など．

14　『撮影画報』1929年4月20日号，1930年4月26日号など．

15　ほかにもこの記念号には，『良友』画報の編集長梁得所，『申報』の副刊「自由談」や
　　通俗文学誌『紫羅蘭』の編集長を務めていた周瘦鵑，そして通俗文学誌『快活林』の編
　　集長厳独鶴などによる祝辞が掲載されている．周と厳は通俗文学グループ「礼拝六派」
　　（別称「鴛鴦蝴蝶派」）に属する上海の有名人であり，都市市民層の余暇の充実のために
　　通俗性の高い文学・出版活動に携わっていた（陳 2009）．これらの祝辞の背後にある刊
　　行物や出版陣を見てわかるように，林澤蒼ひいて三和出版は上海の通俗出版のネットワ

54

ークに属し，啓蒙を声高に掲げる知識人や党派性を重視する出版とは一線を画した．事
実，序章で触れた，『玲瓏』と『良友』に言及した瞿秋白もまた，両誌が「新式の礼拝
六派」（瞿 1931［2014］：308）だと位置付けている．1930年代のモダン文化とそれ以前
の都市文学との関係性について，さらなる検討が必要である．

16　黄文農と魯少飛を含め上海の漫画家たちが描いたモダンガール表象についての分析は，
坂元弘子（2007），坂元ひろ子（2010）を参照されたい．

17　誌面の改革を求める女性読者の声はほかにもあった．たとえば中西女塾の秀英は女性
を嘲弄する文章が多いことを指摘した上で，「男性を嘲弄する文章をもっと掲載すべき
だ」と主張している（秀英『撮影画報』1929.8.10）．また，「女子の呼び声［女子呼
声］」という欄では「貴誌は女子の心理をいきいきと描いていて，情理と事実に符合す
るものも多いが，男子のそれについては詳ではない」といった不満が寄せられている
（李玲琳『撮影画報』1928.12.22）．

18　先行研究が指摘したように，五四新文化運動期に噴出したジェンダー論はそれ以降で
も一種のファッション知として再生産され，流行の勢いを呈していた（Wang 1999；王
2004）．

19　たとえば『婦人画報』の編集長郭建英は，「編集者として喜んで紙幅の大半をわれわ
れの女性読者に譲りたいが，毎日寄せられている原稿は女子自身の手によるものが非常
に珍しく，これが編者にとって最も残念に思うことだ」と嘆くこともあった（『婦人画
報』1934(17)：32）．また，実際に多くの女性誌は経営難で存続すら危うい状態にあっ
たため，男性読者を排除する余裕がなかったと考えられる（前山 2009；葉 2019）．

20　石田佐恵子は，「『女性向け』にジェンダー構築されたジャンルのメディアには，『女
性ならまずこのメディアを読むべき』というメディア選択にかかわる規範と，『女性な
らこうすべき』という優先された読みが構造化されてい」ると主張し，そして読者は
「読みの行為のなかで」ジェンダー化されていくのだと指摘した（石田 2000：123）．つ
まり，ある媒体が「女性向け」でありうることは，それをめぐる「読み」がどのように
規定され暗示されるのかという問題にも関わっており，それを探ることが重要である．

21　『玲瓏』の表紙写真が当時のカレンダーポスター「月份牌」の製作素材にもなってい
たことは，Gary Wang（2011）を参照されたい．また，『撮影画報』の場合，たとえば
1931年3月7日号の表紙に掲載されている梁佩芬の写真が，『玲瓏』1933年3月1日号
の表紙写真と一致していることが確認できる．

22　ただ，『撮影画報』は『玲瓏』ほどジェンダー化した誌面を維持しておらず，1937年
の停刊まで何回も編集方針を改変した．たとえば1934年5月に「大衆的趣味的な読み
物」を目標として掲げたか，1935年2月にまた「全国唯一の純粋なる写真撮影週刊誌」
へと路線転換すると表明した（祝 2013：122-123）．大衆化路線と専門化路線の間で彷
徨っていたのが見て取れる．

23　雑誌のなかの批判的な男性論に注目し，「男性嫌悪」の視点から内容分析を行う研究
はあるが（賈 2012a；賈 2012b），女性誌『玲瓏』そのものの形式性との共振に目を向
けていない．

第 2 章

「モダンガール」を語る：外見を介した女性性の回復

1．母性主義の台頭

　南京政府期の新しい女性像として，「モダンガール」をめぐり，言論界では様々な声があった．ただし，発言する主体のいかんにかかわらず，基本的に知識人によるものは批判一辺倒の状況を呈していた．

　江上幸子（2007）によれば，1930年代中期の「女は家に帰れ〔婦女回家〕」論争において，モダンガールは各方面から批判を受けていた．儒教的な家父長制を擁護する「賢妻良母派」，近代家族的な志向を持つ「新賢妻良母派」，女性の家庭・職業の両立を唱える「新賢良派」，そして左翼を中心に，経済的自立と社会変革を重視する「賢妻良母否定派」の四派のいずれも，性別分業から逸脱したモダンガールのことを，国民国家形成を阻害しかねない存在とし，厳しく指弾したという．許慧琪（2011）も，同じような言論状況を指摘している．1930年代，改革派の知識人にせよ，上海の商工業界や左派の人物にせよ，いずれも「母性主義礼賛」または「救国至上」といったイデオロギーのもとで，「反モダンガール」の立場を取っていた．そして反モダンガール論は，かえって言論界の統合を促し，国民党政権の利益を補強するという結果をもたらしたという．

　この2つの代表的な研究からわかるように，南京政府期のモダンガール論は否定的な論調が主流であった．またその背後には，母性至上とでもいうべき女性の性別役割を強調する社会の風潮が見受けられる．それに対し女性中心の言説空間『玲瓏』がいかなるモダンガール論を提示したのだろうか．具体的に見ていく前に，まず，この時期に「母性」が特に重要視されるようになった歴史的経緯とその意味を確認しておこう．

　女性の役割に対する期待は中国社会の激動に伴って変容しつつあった．国民党南京政府期における母性主義の称揚は，世界恐慌とそれによる失業問題を受けて国際的に母性主義が台頭したことと関係する一方（許 2003），五四新文化運動のなかで生まれた急進的な女性解放の風潮を鎮めるためであったとも言われている（Gerth 2003）．

　五四新文化運動は1915年から1920年代中期にかけて，広範な領域にわたって行われた文化運動である．1915年に陳独秀による『青年雑誌』（のち『新青年』）の創刊を皮切りに，「民主」「科学」に代表される啓蒙という主題が中国の近代化に不可欠な思想として重要視され，大量の外国思想が中国の言論界に輸入されるようになった．運動の中心は「文語文に反対し，白話文を提唱する」「旧文学に反対し，新文学を提唱する」「旧道徳に反対し，新道徳を提唱する」といったスローガンから窺われるように，言語の使用と人々の倫理観念の革新にあった．

　ジェンダーに関して言うと，この時期に儒教的な家父長制への批判と愛・性・家族をめぐる議論が活発化した．前章で言及した『婦女雑誌』が女性問題を研究する場となったのもこの時期である．人口論・産児制限・優生思想がしばしば論争の形で深化されていったので，女性性を抑圧した20世紀初頭の辛亥革命期と一線を画し，「『母性』を介した女性性への意識が高まった」という変化が見られた（坂元 2004：121）[2]．

　ただし，母性をめぐる議論は増えたが，言論界の主流的な関心になったとはいえない．この点は日本との対照でより明確になる．同時期の日本において母性論で知られていたエレン・ケイの思想が中国に受容された際に，恋愛自由論と自由離婚論のほうが優先され，母性論は比較的に後景に退いていたのである（白水 1995；楊 2016）．

　当時，「母」より「新女性」[3]という女性像のほうがはるかに話題を呼んだ．五四新文化運動期のエリート知識人たちは，封建的で抑圧的な女性の生き方を批判し，男性と平等な人格を持つ「新女性」のイメージを理想とした．また，ノルウェーの劇作家ヘンリック・イプセンによって書かれた戯曲『人形の家』の主人公ノラをその代表として定着させた．自ら抑圧的な家から出たノラは，女性の個人意志の覚醒を象徴するものとされ，女性の自立につながる個人主義

的な価値観を代弁する恰好な文化表象の 1 つとなった．ただ，ここにおいて個人主義は「女性」としての人格の尊重よりも，「男性並み」の人格を基準としている．ノラは「女性」である以前にまず「人間」であり，しかも「男性化」した人間としてイメージされていたのである（陳 2006）[4]．

このような「新女性」の提唱は，言い換えれば，女性の性的側面の後退を意味していた[5]．実際，「新女性」の典型的な外見イメージには，断髪と長袍・長衫など，男装化する傾向が見られる（Mann 2011＝2015；高嶋 2018）．いわば，女性的な特徴を遮断された「脱性化（desexualization）」（許 2003：380）の存在としてあった．

こうした性格はのちの国民革命にも継承されていき，男性同様に戦場に向かう「新女性」まで現れた．学生運動の側面が強かった五四期のデモ運動にはすでに女学生を中心とする「新女性」が動員されたが，その後の国民革命にも女学生が加わった．しかも，五四期に比べ，さらなる行動力と強い意志が示されていた（柯 2018）．最も有名なのは，国民革命軍に参加した経験を『従軍日記』，『一個女兵的自伝』として書籍化し，アメリカや日本においても翻訳出版されたことで国際的な名声を獲得した謝冰瑩であろう[6]．

ところが国民革命を経て国民党が全国統一を宣言し，新政権を樹立すると，革命期の急進的な女性動員にかわり，穏健な母性主義政策が推し進められるようになった．看護や孤児の救済を中心的事業とする官・民の女性団体が急増し，また言論界においても賢妻良母の復権が唱えられ始めた[7]．のちに取り上げていくが，特に新生活運動の発動によって行われた女性の身体への統制の強化や，「児童年」キャンペーン，そして「女は家に帰れ」論争などは，この変化を象徴的に表している．過去のような革命的な女性は政治的負債となり，女性は再び家に戻り，人口の再生産に貢献する国家主義的な「母」になることを要求されるようになったのである．

このように，五四新文化運動から国民革命にかけて，「母性」を介した女性性への意識の高まりは見られたものの，限定的なものでしかなかった．そうした脱性化した「新女性」が理想とされた時代に比べ，のちの国民党南京政府期における母性主義の称揚こそ，女性性への意識の高まりを一気に後押しした．1930 年代に湧出した批判的なモダンガール論は，このような「母性」を介した

女性性の回復の潮流を下敷きにしていたのである.

　「母性」と関連して女性の役割や家庭のあり方が再構築されていくなかで,モダンガールは常に性別分業規範からはみ出された存在としてイメージされる傾向にあり,批判の矢面に立たされていた.しかし,それを簡単に「母」と対立する女性像と捉えることができるのだろうか.「性の解放主義」に特徴付けられている点を考えると,前述の女性性の回復という歴史的文脈において両者は軌を一にした側面もあったことは否定できない.次に,女性中心の言説空間『玲瓏』において,モダンガールをめぐる語りがいかに賛否両論の様相を呈しながら,女らしさに関する独自の主張を提示したのかについて検討していく.

2.「旧女性」と「新女性」のはざまで

2‑1.「モダンガール」vs「旧女性」

『玲瓏』のなかのモダンガール論はけっして批判一辺倒ではなかった.むしろ「旧女性」に対峙する女性像として,モダンガールを評価する傾向もあった.社会進化論の影響が根強かった近代中国社会において,「新」の価値は揺るぎがたいものであった.そのため,誌面上の「モダン」言説もしばしば「旧」との対比により「新」の側面を強調することで,肯定的なイメージを獲得することに成功した.

　最も多く見られたのは,「旧式家庭」や「旧式結婚」に対する容赦ない批判と,それを打破した「モダン青年」に対する承認である.たとえば,「氷炭相容れずのモダン／旧式家庭〔氷炭不容的摩登／旧式家庭〕」という文章は,旧式の大家族によく見られる「人数が多いため,意見の契合が難しく,感情の破綻を免れない」(月芳 1931：556)という点を指摘した上で,モダン青年の築いた「モダン家庭」の優れた点を,「旧式家庭」と相反する面において捉えている.

　　モダンな家庭は,人数が少ないため,意見が統合しやすく,打ち解けた
　　雰囲気のなかで団結の精神も育まれやすい.また,遺産相続がなく,みん
　　なが自立の精神のもとで,生産能力を伸ばし,自給自足を目指している.

家庭の人数が少ないとはいえ，国のために力を尽くすことができ，正業に
も就かずにただ財産を食いつぶしている大家族とは違うのだ．当然，提唱
に値する．（月芳 1931：556）

　ここで言う「モダン家庭」とは，儒教的な「大家族」と違い，夫婦と子ども
を中心とする「人数が少ない」近代的な家族形態のことを指しているだろう．
当時の言論では「小家庭」という言葉が一般的に用いられていたことからも窺
えるように，親世代と決別し，大家族から脱け出ることが近代中国における
「家庭革命」の第一義的な目標であった[8]．江上幸子は，清末期からの「家庭革
命」によって様々な形で模索されていた「近代的家族制度」を次のように整理
している．

　　第 1 案は中国の伝統的家族の良さも残しつつ，伝統的な家族関係や生活
　　様式を変えようというものである．第 2 案は伝統的な「大家庭」にかわり，
　　それぞれ別居し財産も独立した「小家庭」を提唱するものである．第 3 案
　　は「小家庭」に賛同するが，それへの改革は社会改造――すなわち私有
　　性・階級の消滅のなかで達成されるとした．第 4 案では「小家庭」もが否
　　定され，婚姻・家族の廃止が主張された（江上 2018：283）．

　なかでも第 2 案が当時の主流だったと指摘されている．先の記事もまさにこ
の第 2 案を理想としているだろう．それは実態レベルではまだまだ中国社会の
主流には至らないにしても，モダンな家族形態の 1 つとして注目され続けてい
た．たとえば，上海のような都市部では両親が取り決める「請負婚・強制婚」
に取って代わり，自由恋愛を介した「儀礼婚」が理想となった（岩間 2012）．ま
た，居住面においては，小家庭をモデルに設計された近代合理的な間取りも多
くの青年たちを惹きつけた（孫 2017）．『玲瓏』における「婚約・結婚前の準
備：モダン青年必読〔訂婚和結婚前的準備：摩登青年不可不読〕」といった連
載（日明 1931：522–523；1931：560–561；1931：599–600）や，インテリア・デザイン
に関する盛りだくさんの紹介（1931：375；1932：214；1932：215）が，そうした新
しい需要に対応するものだったと考えられる．
　「旧式家庭」を打破し，「モダン家庭」を築く上で，当事者である「モダン青

年」たちの努力は欠かせない．特に女性の場合，より覚悟が求められた．たと
えば，銀珠という女性読者の投稿は，「モダン」と「旧」の対立を踏まえなが
ら，旧式の結婚について「女性を束縛する罠である」と論破している．彼女は，
旧式の結婚に関し，女性はただ男性が「欲望をぶちまけるための機械」として
扱われており，「人格が侮辱されている」と説いたのである（銀珠 1931：452）．

　こうした「旧」環境における女性の受難を強調する論法は，五四新文化運動
期においても見受けられる．理想的な「新女性」の浮上とともに，「賢妻良母」
に代表される「旧女性」のイメージが対として創り上げられたことがその一例
である（陳 2006）．前述の記事から，1930年代になると，従来の「新／旧」の
二元対立を踏襲する形で，「モダン／旧」という認識枠組みが新たに台頭した
ことが窺える．そして，銀珠の発言から読み取れるように，旧家庭の弊害は特
に不平等な夫婦関係にあった．言い換えれば，家庭のモダンさを確保するため
には夫婦間の関係性の再構築が重要とされたのである．

　一方，実際に旧式の結婚で悲惨な運命を辿った女性の事例も報じられている．
たとえば事件・犯罪を評論する「案件評述」欄において，「旧礼教のもとで犠
牲となった女子」が取り上げられている．事件を要約すると，「世のなかのモ
ダンな雰囲気に染まってい」ない貞淑な性格をもつ少女が，幼時に親によって
取り決められた相手と婚約した．だが，男性側の気が変わり結局婚約を破棄さ
れ，恥辱に感じた末に死を選んだ（呉如珍 1933：407）．興味深いのは，この事件
に対する評者の論である．

　　譚女（当事者である女性——筆者注）の死に対して，われわれは可哀そうに
　　感じている．しかし，その自殺の理由に関しては，同情どころか，反対し
　　たいと思う．……我々から見て，譚女の所謂礼教を守り，母訓を宗とし，
　　人格を保って自らの価値を高めることが，自殺の理由になるとは思えない．
　　彼女は陳腐な信条を妄信するあまり，人間としての真の意義を理解してい
　　ない．その死はただ旧礼教のための無意味な犠牲でしかない．（呉如珍 1933：
　　407）

「女性の唯一の代弁者」であることをアピールし続けている『玲瓏』でさえ，
途方に暮れた「旧女性」に対しては，その身になって考えるどころか，容赦す

ることなく糾弾した．つまり，一言で「女性」と言っても，実際に擁護されているのは伝統的な生活様式から脱出した女性のみである．ここでは，「モダンな雰囲気に染まってい」ないことは，何も自慢できることではなく，むしろマイナスであると読者には感じられるだろう．

　では，「旧女性」のイメージと対置される「モダンガール」にはどのような特徴があったのか．

　『玲瓏』において，「旧女性」が儒教的な家父長制に従属的で，親の言いなりに結婚する存在であるのに対し，モダンガールは配偶者選択権を持ち，先の「モダン家庭」を積極的に築こうとする側面があった．読者通信欄では，何人かの恋愛候補や結婚候補のうち，誰を選ぶか迷っている女性読者の投稿が散見される．

　たとえば，「読者の呼び声〔読者呼声〕」という投書欄に掲載された悩み相談「モダンガールの質問〔摩登女子的問題〕」において，女性読者愛娜は，遊び好きだが自分と合う青年と，穏やかで頼りになるが少し年上の男性の間で，どちらのほうと結婚へ進むべきか，意見を求めている（愛娜 1931：1341）．それに対し，編集長陳珍玲は丁寧に状況を分析した上で，年上の男性を勧めたが，「私見を述べてきたが，取捨選択はあなた自身に任せる」（陳珍玲 1931：1342）とも付言している．配偶者選択に関しては親に決め付けられるのではなく，メディアの助けも含め，主体的に対応する姿が窺える．

　ほかにも，「モダンガールへの提言：ある女子の経験談〔為摩登少女進一言：一個女子的経験談〕」では，「現在の少女たちは，愛の河のなかで沐浴し，意中の人を探さない人は一人もいない」とあり，自分で恋愛相手を決めるのが当時の若い女性たちにとってごく当たり前のこととして記載していた．そして投稿者は，自らの経験に基づきながら，特に特技もなく，「普通の男性」を相手にするほうが最も幸せになれると主張している（王明星 1931：1331）．

　このように，恋愛・結婚に対する自己決定権の有無によって，女性を分断する論理が『玲瓏』において形成されていた．そして，モダンガールは自らの意志で交際・恋愛・結婚を選択できる女性だと語られている．「旧女性」に比べ，それは断然，進歩した存在であり，好意的に捉えられていた．

　積極的に恋愛・結婚し，モダン家庭で幸せに暮らすことを夢見る．ここにお

いて，モダンガールは何も逸脱したところがなく，むしろ主流的な論説が唱えている「小家庭」の構成員になりうるようにも見える．しかし，モダンガールをめぐる論説は具体的な家庭内役割の遂行につながっておらず，別の方向性へと展開されていった．

2‒2．「モダンガール」vs「新女性」

肯定的なイメージがあるほか，モダンガールを批判する声も掲載されていた．具体的には，モダンガールの消費性・奢侈性に対する不満（沈怡祥 1931：255‒256；李徳容 1932：1751‒1753；陳跡 1933：644）や，モダンガールをエロティシズムと結び付ける議論（鄭筠潔 1931：620‒622；呉心醒 1931：879；薇 1933：1593‒1594），さらに，時局に鑑みてモダンガールの亡国的な側面を強調する記事が見られる（侯微 1932：1752‒1753；許雄群 1934：648‒49；影絲 1934：778‒779）．批判の着目点はまちまちだが，これらの否定的な言説では，モダンガールの外見重視への言及が繰り返し行われていた．

たとえば，「新しい衣料品が出たらいつも先んじて買おうとし，女友達の前でその贅沢さを見せびらかす」，いわば金遣いが荒いモダンガールの消費性と虚栄心を批判する記事が掲載された（李徳容 1932：1751‒1753）．また「今日のモダンガール」を「服装の新奇を競い，色気を振りまく者」とし，その自省を促す論もあった（呉心醒 1931：879）．さらにナショナリズムの機運が高まる中で，「敵国が目の前に来たのに，……着ているのも使っているのも舶来品である」モダンガールの罪を問うて「良心を持ちなさい！」と憤慨する声もあった（徐嘯吾 1931：794）．とりわけ「婦女国貨年」とされた1934年では，女性を対象とする国産品運動が盛り上がり，モダンガールの舶来品消費に対する抵抗が強く表明されていた（許雄群 1934：648‒649；影絲 1934：778‒779）．

つまり，モダンガールの外見へのこだわりがしばしば軽佻浮薄なイメージを喚起するために，上記のような奢侈や享楽主義，官能性，亡国などのネガティブな印象につながりやすかったとも考えられる．

一方，モダンガールの「外見」に焦点を当てる記事では，それと対になる「内面」という言葉もしばしば用いられている．象徴的な一例として，「永遠不滅の美〔永遠不滅的美〕」という投稿では，「飾り付ける時間を決して内面の修

養に使おうとしない」モダンガールのことを非難し，「外見の一時的な美のために，永遠不滅である内なる美を遮ってはいけない」と忠告している（蔣麗貞 1931：1446）．ほかにも，これと類似した，外見を着飾ることを重視するあまり，内面の思想性に欠けるきらいがあるといった批判的な発言が散見される（李瑞瓊 1933：1088；劉異青 1933：2439-2440）．

　前節でも述べたように，誌上には「モダン／旧」という対立構図が浮上している．しかし，旧女性に勝るとはいえ，外見の追求という点では，モダンガールはやはり問題含みだったようだ．興味深いことに，このようなイメージはしばしば「新女性」との関連で言及されていた．

　　我が国において，五四運動以来，「婦人解放運動」は一時期センセーションを巻き起こした．ここ十数年の間，彼女たち（新女性──筆者注）は社会において，確かに相当な努力をしてきた．そして，今までに得た結果からすれば，彼女たちは確かに以前よりかなり解放されており，かなり自由になった．しかし，残念なことに，彼女たちの歩んでいる解放の道は間違っていた．その自由はあまりにも無制限なものになってしまっている．事実，現在多くのいわゆる「新女性」が求めている目標は，服飾の美化であり，生活上の奢侈である．その奢侈に対する欲望を叶えるために，身売りをしても惜しくないようだ．このような女性は，根っからの「新女性」とは言えない．（蓮 1936：3328-3330）

　五四運動及びそれが内包するフェミニズム運動を回顧しながら，現在の女性の問題点を指摘するという論調である[9]．ここでは，「新女性」の問題点は「服飾の美化」や「生活上の奢侈」といった外的側面に集中しているとされ，まさに先に挙げたモダンガールの外見批判と重なり合っている．

　モダンガールと「新女性」の関係性について，これまで多くの研究蓄積がある[10]．同じく世界的な現象として，一般に，両者の間にはつながりが認められていると同時に，世代差もあると考えられている．誤解を恐れずにいうならば，教育権や職業権を求め，公的領域へと参加する先駆者としての新女性世代が先に存在し，その後，消費文化を享受し自由奔放なモダンガール世代が生まれたということになる．中国の場合，前述した「脱性化」の時代が終わりを迎える

と，1920年代末から「新女性」の消費主義化についての言及が増加していき
（Wang 1999；何 2004；陳 2006），モダンガールのイメージと重なりつつあった[11]．
こうして見ると，上記の記事は，この2つの女性像の重なりを暗示するものだ
と理解することができる．

　しかし一方，今日の「新女性」が「歩んでいる解放の道は間違っていた」と
指摘されていることは，逆に言うと，やはり理想的な「新女性」は正しい婦人
運動を遂行できる女性と期待されていた．ひたすら「服飾の美化」や「生活上
の奢侈」を追求するモダンガールのような女性はその反面教師であろう．また，
別の記事で，新女性の責任は「一方では，旧礼教下の旧婦女を解放し，他方で
は，自由に酔心し平等を誤解した新式の婦女を正す」ことにあると説かれてい
る（許嫻淑 1935：519）．ここでも，「自由に心酔し平等を誤解した新式の婦女」
といった，モダンガールの批判言説でよく見かける表現が用いられている．

　つまり，「旧女性」と対立する点において，モダンガールは「新女性」同様
に評価されるが，「外見／内面」のどちらに重きを置くかによって，両者の間
に序列化が行われている傾向が見られる．そして真に「自由」や「平等」を理
解できる「新女性」のほうがより期待される理想的な女性像として描かれてい
たのである．

　このように，『玲瓏』のなかのモダンガールのイメージは「新」と「旧」の
はざまで揺らいでいた．では，こうしたイメージを創出した上で重要な意味を
持っていた「外見／内面」という論法が，具体的にどのように展開され，いか
なるジェンダーの主張を表明していたのだろうか．

3．「外見／内面」をめぐる論法

『玲瓏』において，モダンガールの外見重視を批判する言説には，少なくと
も2つの異なった論理が存在しており，詳しく検討する余地が残されている．
　女性が外見を磨くことは，一般的に性的魅力を引き立てることにつながると
認識されていた．ゆえに，これを理由に，一部の論者は，モダンガールの性的
逸脱を問題視した．それらの言説では，綺麗に着飾っているモダンガールは，
「既婚の男性の気を惹く」こともあり（劉玉瑛 1931：681），「甚だキレイ，甚だモ

ダン」にもかかわらず「甚だ嫁ぎにくい」存在だと描写されている（志勤
1931：332）．すなわち，外見的魅力の高いモダンガールは，当時における一夫
一妻の婚姻制度を揺らぎ，あるいはそれへとスムーズに移行できない存在とし
てイメージされているのである．この点に関しては，交友範囲の広い彼女に不
満を述べている男性読者の投稿も例として挙げられよう（羽仙 1931：522-523；
言絲金 1935：3419-3420）[12]．

　しかし，婚姻制度やそれにつながる性別役割分業からの逸脱を懸念する議論
がある一方，日常的な異性との関係における女性の抑圧を問題視する声も同時
に存在していた．たとえば，「モダンガールの装飾〔摩登婦女的装飾〕」と題す
る投稿は，「外見の美しさを追求している多くの女性の目的は，異性に媚びを
売ることにある」と断罪した上で，「これはなんて悲しいことだろう」と嘆い
ている（薇 1933：1594）．同様の指摘は女性読者劉異青による投稿にも見られる．
劉は，「美を追求するのは人類共通の欲求」であると認めているが，現在のモ
ダンガールたちは「ただ異性を惹きつけるため」に行っていると非難している
（劉異青 1933：2439-2440）．ほかにも，モダンガールの外見重視を，「男性への屈
服」（1934：1764）や「男性に対する媚び売りと機嫌取り」（1935：1513）と関連付
けて批判する論者がいた．つまり，これらの議論が共通して問題にしているの
は，女性が外見を磨くことにより獲得した性的魅力が，非対称な男女関係を強
化・固定化するのではないか，ということである．

　要するに，一見共通してモダンガールの外見重視を非難しているように見え
るが，実は異なる 2 つの論理のもとで言説が編成されている．1 つは，既存の
一夫一妻の異性婚制度を維持すべく，それを撹乱する危険性をもつモダンガー
ルの性的逸脱を問題視している．そして，もう 1 つは，婚姻制度を前提とした
性的規範からの逸脱よりも，外見的魅力の強調によって女性が従属的なジェン
ダー関係に陥りかねないことに対する批判である．言い換えれば，前者では婚
姻制度そのものの維持に重点が置かれているのに対し，後者はそれを無視して
いるとまでは言えないにしても，制度面よりは，男女の交際実践における女性
の地位の確保をより意識しているのである．

　『玲瓏』では，どちらかというと後者の論理が前者を圧倒し，議論が展開さ
れていた．先に言及した，彼女の交友に文句を言う投稿に対しても，編集側は

当事者女性の立場に立って意見を表明した.「社交の華の彼氏〔交際女郎的男友〕」と題する記事では,悩み相談を寄せてくる男性読者羽仙に対し,次のような返答が掲載された.

> 手紙を読んで,君の彼女がモダンガールであることがわかった.モダンガールも玉石混交であり,意地悪の女子は何でもやるので取るに足らない.幸いにあなたの「恋人」は「いい女子」だ.……少しだけ不謹慎なところがあるにしても彼女の長所をすべて抹殺すべきではない.(陳珍玲 1931：525-526)

彼氏以外の異性と交友して不満を招いたとしても,それは「少しだけ不謹慎なところ」として片付けられる.社交的な女性に対する寛容的な態度が垣間見られる.また,似たような悩みを抱えている男性読者言絲金の投稿に対し,「彼女を正しい道に導くために,学問に努め,再び男性に誘惑されないよう,勧めてください.もしあなたが彼女のことを教育できない存在だと考えて嘲笑するのであれば,それは根本的な間違いだ」と,やはり女性を贔屓する回答が返されている(陳珍玲 1935：3420).

ここにおいて興味深いのは,「男性に誘惑されないよう」とあるように,「男を論じる」という雑誌の特徴が見て取れる.言論界のモダンガール批判とは違って,『玲瓏』では女性のみに矛先を向けるのではなく,望ましくないモダンガールが現れたのは「男子の考えの誤り」(志勤 1931：1021),「男子の虚栄心」(嫐 1931：1063)に起因するのだと主張する論が少なくない.男性のまなざしを内面化した女性を批判するとともに,そもそも女性を欲望の対象とみなす男性のほうの責任をもっと問うべきだとする論調である.

実際,誌面には否定的な「モダンボーイ」のイメージが多く登場している.たとえば「姉妹たち,危険に注意しろ!〔姉妹們,当心危険!〕」という記事では,「お洒落でモダンな醜い男子たち」が上海で「ナンパ団〔猟艶団〕」を組織したことを報じ,女性同士にそうした「下品な男性の罠にはまらないよう」注意を呼びかけている(霞 1931：866).また,「いわゆるモダンボーイが終日自由恋愛を声高に唱えている」ことについて,「女権解放のためだと称しているが,実は彼らの性欲を満たすためだ」とする論もあった(朱麗雲 1932：1943).

図2‑1　「私の交際〔我的交際〕」と題する投稿（梁佩琴 1931：10‑11）．1ページ目には
女子会の写真が付され，「もし男友達と一緒ならさらにテンションが上がる」という地の文
がある．2ページ目には作者梁佩琴の写真が掲載されている．

さらに女性を誘惑したことで裁判にかけられたモダンボーイの案件が紹介され，
「卑しい」（鄔清芬 1933：1030），「忌々しい」（陳娟如 1933：1222）と酷評されてい
た．

　しかし，それでも異性と交流し，男女の自由交際を実践することを，『玲瓏』
は敬遠しておらず，むしろ推奨していた．というのは，「社交」や「交際」は
女性が社会に適応するために必要な能力とされ，特に男性のまなざしに対応す
ることにおいては積極的な意味をもったとされたからである．創刊号に，女性
読者梁佩琴は「私の交際〔我的交際〕」で社交の重要性を次のように語ってい
る．

　　女子が家庭から社交の場へと踏み出して交際を行うことは悪いことでは
　　ない．見聞を広め，社会の真相と男性の内情を洞察することに役立つのだ．
　　以前の女子は常に男性に近づくことと人目に晒して活動することを恥だと
　　思っていたのは誤解で，旧礼教の弊害だ．（梁佩琴 1931：10，図2‑1）

　要するに，異性との交際において冷静な判断力を失ったり，従属的な関係に
陥ってしまったりすることこそ，女性論者たちの心配事だったようである．外

見的魅力を高めることで異性に媚びを売るどころか，誌面からは，女性が常に
意地悪なモダンボーイたちから不利益を被らないように心がけなければならな
いというメッセージさえ読み取れる．そうした状況への対応として，交際経験
を増やすだけでなく，頭脳を鍛え，学識を高めるなど「内面」に関わる要素，
そして仕事を通して経済力を身につけることなどが，男性との関係における非
対称性の回避のために提言されるに至った．

　そもそも「外見／内面」というモダンガールを批判する論法が成立している
とはいえ，外見を磨くこと自体が女性論者から完全に否定されないでいる．
「真のモダンガールは，ダンスと着飾ることだけに通じていればよいのではな
く，交際以外にも，実際のスキルと知識について少し知っておかなければなら
ない」（胡玉蘭 1933：937），「むろん，外見はモダンでなければならないが，……
彼女の心及び頭脳が最も重要である」（施莉莉 1933：882-883）といった発言から，
女性の外見的魅力が肯定的に捉えられ，才色兼備のモダンガール像が求められ
ていたことが見て取れる．

　このように，モダンガールの外見へのこだわりに対する批判を裏返しにして
見えてきたのは，男性中心社会において異性との関係における非対称性を心が
けながら，性的魅力を高め，賢く社交するという理想的な女性像である．様々
な社交の場面に応じた女性の身なりや着こなしに関する紹介が多く掲載された
のも，この点を裏付けている（茉莉 1931：126-127；上海時装研究社 1931：631；葉浅
予 1932：2063；1933：466）．

　先の論では，五四新文化運動へのノスタルジーとして「新女性」が思い返さ
れることもあったと述べたが，それはけっして過去のままの女性性の除去を理
想とする女性像ではない．女性の性的魅力への肯定意識のもとで，『玲瓏』で
は「新女性」に対しても，「自らの美を披露しよう」「言葉遣いを鍛え」「容姿
を整えよう」といった提言がなされ（李月瑶 1933：1786-1787），新しい時代にお
いて女性の理想像に新たな要素が加えられていく様子が見て取れる．

4．女性性の回復への2つの道

　モダンガールに対する賛否両論を分析したことで，次のようなジェンダーに

関する主張が見て取れた.

　まず，自由恋愛・自由結婚という価値観は擁護されていた．積極的に配偶者
選択権を行使し，儒教的な家父長制から脱皮した「小家庭」を築くモダンガー
ルは，「旧女性」より進歩した存在であり，好意的に語られていた.

　一方，外見重視という点からその消費性や享楽性を非難し，ひいてはナショ
ナリズムの視点からモダンガールを問題視する語りもあった．それら批判言説
は言論界と同調する傾向が見られるが，「外見／内面」という代表的な論法に
着目して分析すると，女性の外見へのこだわり，すなわち性的魅力の発揮を問
題視する議論の多くは，日常的な男女交際における女性の従属性の強化に対す
る懸念に由来していることが明らかになった.

　一夫一妻の婚姻制度の維持よりも，広い意味での男女交際におけるジェンダ
ー非対称を懸念する論調は，いうまでもなく女性の立場に立ったものである.
誌面では，その非対称の状況は，しばしば否定的なモダンボーイのイメージを
通して示されていた．男性側の性的欲望を露呈させ警戒を促すそれらの論説は,
女性の自己保護的なまなざしの顕在化を意味している．それがファム・ファタ
ールとしてのモダンガールの悪評を払拭するうえでも機能したと考えられる[13].

　懸念があるとはいえ，男女交際はもちろん，女性が外見を磨くことは全面的
に否定されてはいなかった．むしろその必要性を踏まえた上で，学識や思想を
養うことの重要性が説かれていたのである．モダンガールへの批判言説を裏返
しにして浮かび上がってきたのは，異性との関係における非対称性を心がけな
がら，性的魅力を高め，賢く社交するという才色兼備の女性像である.

　では，このような理想像が浮上したことは何を意味しているのだろうか．五
四新文化運動期から国民革命にかけての議論のなかに性差を除去する意識が多
く含まれていたのに対し，才色兼備のモダンガールのイメージから見えてきた
のは，性差の否定ではなく，むしろ女性の性的魅力の承認であった．そして,
承認した上で，その女らしさが女性の従順さや自己性化に容易に置き換えられ
ないよう，付加条件をつけたのである.

　こうした女らしさのあり方は，2つの意味で南京政府期における母性主義の
称揚と不可分な関係にあった．まず，国家建設のために称揚された母性主義は,
優生思想の浸透を伴っており，人口の「質」を重視するために産児制限を必要

な手段とする傾向が強かった（坂元 2004；兪 2008）．避妊の普及と相まって，生殖に結びつかない性が増殖していき，快楽の追求を含め，女性が自らの身体に新たな価値を見出すことが可能となった．本章で見てきた，女らしさを楽しみながら，男女交際に積極的なモダンガールのイメージの現れが，この点において母性を管理する風潮と表裏一体をなしたのである．新生活運動の最中で，「児童年」を祝う行事が盛り上がった1934年，『玲瓏』が「堕胎と避妊」特集号を出したのも，そうした曖昧な関係性を利用して，「母性」の裏面にある女性の性の解放を暗示するためだと見ることができよう．

　また，中国の近代化の歴史から見れば，この頃の母性称揚は，革命期における「脱性化」の風潮を逆転させ，女性性の回復とでも呼ぶべき時代をもたらした．国民革命後，新政権のもとで急進的なフェミニズム運動が直ちに解体し，母性を活かした社会活動のほうが延命されたことに象徴されるように（柯 2018），性差の縮小よりも，明確に女らしさを打ち出すことのほうが無難であった．この変化は，外見を介して女性性の回復に与することのできるモダンガールにとっても好都合だったと考えられる．

　このように，異なる次元で母性主義が提唱されたからこそ，かえって「母」だけに押し込まれない女らしさへの模索を可能にしたともいえよう．女性性の回復という歴史的文脈において，「外見」を重視するモダンガールは，「母性」とは異なった道を辿っていたのである．

　では，両者はいかなる関係にあったのだろうか．もっとも，『玲瓏』のなかには，「母性」または「賢妻良母」に支障をきたす理由でモダンガールを批判する論がほとんど見当たらない．かといって，モダンガールのイメージから読み取れた性的魅力の向上への志向性が，性別役割の形成に直結し，あるいはそれを補強するとも限らない．そもそも性的魅力としての女らしさと性別役割としての女らしさは重なる部分もあり，関係性が曖昧である．その関係性を探るべく，次章では，具体的にどのような「外見」が理想として追求され，それが性別分業秩序の期待する女性の身体に対して何を意味したのかを検討する．

注

1　四派のうち，「賢妻良母否定派」の左翼知識人の主張はモダンガールのイメージと重なるところもあるが，「モダンガールの近代家族規範からの逸脱は危険であり，彼女たちと連帯し言論界での代弁者となることは，自分たちの運動の力や団結をそこなう」（江上 2007：290）という懸念から，批判的な立場を取ったという．

2　もちろん清末期から「強種・強国の母」という国家的主体としての女性像が創出されたが，それは「生々しい政治文化のディスコース」であり，「家庭」の革新や具体的な父母のあり方という問題には踏み込んでいなかったと指摘されている（坂元 2004：121）．

3　「新女性」は，1918 年に胡適がアメリカの女性を紹介する際に初めて用いた言葉だと一般的に認められている（楊 2016）．ただし，同時期に「新女子」や「新婦女」といった同義語も存在していた．本書では，当時の認識に基づき，この 3 つの言葉には特記すべき意味の差がなかったことを踏まえ，特別な用法が見られない限り，考察を進める便宜上，「新女性」という名称で記述することにする．

4　『人形の家』が胡適によって中国語に翻訳された際，本来作中で意図されている近代家族への異議申し立てが，当時の中国の現実に照らし合わせて，儒教的な家父長制規範に対する抵抗にすり替えられた．このような「誤訳」が生じたのは，知識人たちがイプセンを借りて現前の問題を語ろうとしたからだと指摘されている（張 1995；戴 2006）．

5　こうした状況において，女性の性に関する議論はしばしば男性化・脱性化の風潮に対峙するものとして持ち出された．たとえば，魯迅の弟，周作人が性科学の導入に精力を注いだのは，「現在の大きな誤りは，何もかも男子を基準としていることであり，……女子は男性化を解放と見ている」（周 1927［2011］：87）という現実を鑑みた側面があった．

6　ちなみに，『一個女兵的自伝』の日本語版の序文を書いたのは，日本で最初期のモダンガール論を発表した新居格である．近代中国における女性兵士の創出については，高嶋航（2004）を参照のこと．

7　一方，共産党の女性運動は都市を離れたソヴィエト区で推進され，政策面では反家父長制的性格が色濃く見られたものの，同時進行していた農民運動との衝突により，しばしば譲歩を余儀なくされた．また，育児の社会化や子どもの保護政策が支持された（中国女性史研究会編 2004）．

8　清末民国初期の「家庭革命」については趙妍傑（2020）を参照されたい．また，白水紀子は「小家庭」について，「中国の女性にとっては，それは同時に家庭と仕事の二重負担を強いられる『女性の国民化』の過程でもあった」（白水 2004：136）と指摘している．後述するが，『玲瓏』を見る限り，このような「小家庭」の抑圧性を認識した論者も存在していた．

9　ほかにも「新女性」を過去のフェミニズム運動の象徴として捉える記事が挙げられる（陳珍玲・左企 1932：339-342；記者 1935：645-646）．

10　新女性の世界同時性については，Margaret and Heilmann eds.（2004）を参照のこと．

11　事実，五四新文化運動以降も，「新女性」に対する世間の関心は継続していた（呉 2022）．殊に，1935 年に映画『新女性』がヒットしたことで，「新女性」に関する言説が

　一段と増えた．一方，「新しいタイプの女性」という広義の意味で，1920年代末頃に現れ始めた「モダンガール」を「新女性」の下位カテゴリーとして捉える研究もある（江上 2006）．

12　『玲瓏』には選択的に男性読者の投稿も掲載された．ここでの 2 つの悩み相談は，男性に理解を示すというより，モダンガールの社交に対する寛容な態度につながるため，女性中心の言説空間に徹する方針とさほど矛盾していないとも言える．

13　女性自身に対して責任を問うのではなく，外部に要因を求めるものとして，ほかにも労働参加において女性の外見が利用されることについて，「モダンでなければならないのは，社会の罪であり，女性自身の罪ではない」といった発言が見られる（珍玲 1935：2317）．

第3章
「モダンガール」を演じる：美しさ規範の形成

1．表紙に写る身体イメージ

　『玲瓏』の表紙を飾っているのは，モダンで若い女性の写真がほとんどである．なかには本人の署名が付いている写真も少なくない．その背景には，写真募集に関する編集側の数々の呼びかけだけでなく，「多くの姉妹が投稿写真を表紙に載せたい」（1931：435）という読者側のニーズもあった[1]．ただ，当時，女性の写真を公開することは風紀問題につながるため，女性が自分の，あるいは女友達の写真を寄稿することは大胆な行動にほかならなかった[2]．名前や個人情報に関する紹介文を付することはなおさらである．競争誌の『良友』画報や『婦人画報』が肖像画を用いる場合，フルネームを記すのが稀だったのと比較すると，表紙の形式からも同誌の逸脱的な性格が垣間見られる．

　『玲瓏』は創刊当初から，表表紙に中国女性，裏表紙に外国女性の写真を載せるのが基本的な構成パターンであったが，場合によって裏表紙にも中国女性を起用することがある[3]．筆者が確認したところ，刊行期間を通じて表紙に登場した中国人女性は全体の5割以上を占めており，メインの国籍となっている．ほかに，アメリカ，ドイツ，イギリス，日本など，個人情報が特定できた一部の女性像から豊かな国籍構成が見られ，同誌のコスモポリタンな性格が窺えるが，中国人女子をターゲットにする以上，やはり対象読者に身近で理想的な自国の女性像を提示することが重要だとされただろう．

　「女は女に生まれるのではない，女を演じることによって女になるのだ」というボーヴォワールの名言を踏まえれば，表紙写真に写っているモダンガールの豊かな身体イメージに，女性の性役割に関する規範が具現化されているはずである．本章では，その規範を浮き彫りにすべく，表紙におけるビジュアル・

図3-1 （左）1932年11月23日号の裏表紙に登場している女優黎明暉（1932：1200）．
図3-2 （中）上海にある滬江大学の「女子のリーダー」とされる李月嫦（1931：77）．
図3-3 （右）「全運女子特刊」の表紙には，第5回全国大会の女子バスケットボールの試合（上海 vs 広東）の写真が掲載されている（1933：1989）．

イメージとその背後にある身体文化を分析していく．

　まず，属性を見ると，表紙に登場した中国人女性は女優が最も多く，ほかに女学生，スポーツ選手なども一定程度見られる．

　1932年から『玲瓏』の編集方針に国内映画業界への関心が加えられると，中国人女優の表紙写真が多く用いられるようになった（図3-1）．当時，女優の身体技法はしばしば流行を煽り，女性にとってモデルとしての役割を果たしていた．たとえば，高嶋航（2010）によれば，民国期における女性の断髪が抽象的政治的な議論から現実の流行となったきっかけは，女優黎明暉が出演した映画「小廠主 The Boy Heiress」であった．

　ちなみに，前述した外国人女性の登場する表紙も，映画のスチール写真のように見えるものが多く，女優が多かったと推測できる．なかでもハリウッドの女優が多くの割合を占めていた．また，西洋人以外に日本人女優も登場していた[4]．

　総じて言えば，映画女優がモダンガールの一類型になっていたことが見て取れる．後述するが，女優は経済力を持つ職業婦人の一類型とも認識されていた．表紙には，女優以外の中国人職業婦人として，少数ではあるが，外交部や映画会社に勤める女性の写真がある（1931：1113；1933：1397）．

　女優に次いで，女学生の写真も少なからず掲載されている．第1章ですでに確認したように，「女性向け」の雑誌として創刊された『玲瓏』は明確に新興の女学生読者層をターゲットにしていた．そのため，とりわけ1931年の創刊時において，ほとんどの表表紙は女学生の写真で彩られた（図3‐2）．女学生の名前や紹介文が付される場合も多い．一方，1934年以降に数が減っていくが，その原因は，新生活運動により女性への規制が強化されるなか，個人情報を明示することが難しくなったためだと推察できる．同時期，表紙写真だけでなく，記事に付される作者の名前や紹介も減っていった．

　また，スポーツ選手を掲載する表紙が見られるようになったのは，1930年代中期頃であった．当時，全国運動会，極東選手権競技大会，オリンピック大会の相次ぐ開催により，スポーツブームが巻き起こっていた．特に1933年に行われた第5回全国大会を機に，女子体育の授業を開設する学校が増えていき（遊2012），スポーツする女子の可視化をいっそう促した．『玲瓏』が出した「上海市第二回中等学校聯合運動会」（1933年5月10日号），「全国運動会女子特刊〔全運女子特刊〕」（1933年10月18日号）などの特集はこの傾向を反映している．選手と言っても，在学している女学生が含まれているため，女学生イメージのバリエーションを示すものでもあった（図3‐3）．

　このように，主に女優及びその他の職業婦人，女学生，スポーツ選手といった属性が表紙に登場していることは，それらの女性カテゴリーが理想的なモダンガールと親近性をもっていることを意味するだろう．一方，それぞれの属性への関心は，身体イメージの変遷とも関連していた．構図，背景，笑顔，目線，服装の5項目に分け，各項目の具体的な表現の登場頻度と割合を整理すれば，次頁の表3‐1になる．

　まず，人物の配置を見てみると，1930年代初頭では，女性の顔にクローズアップした写真を用いた表紙が半数を超えている．それゆえ，女性の置かれた空間が判別できない場合が多い．ただ，後ろの背景が無地であることが多いから，室内の写真館で撮られたと推察できる．しかし，1933年以降になると，全身の女性像が急増し，1936年には表紙全体の9割以上を占めるようになった．顔から身体全体へと関心が移っていったことが見て取れる．それに伴い，公園，川辺，運動場，広場など，室外で撮られたものが増え，表紙に表される空間が多

表3－1　『玲瓏』の表紙における中国人女性の身体表現[5]

	構図			背景			笑顔				目線				服装				
	全身	半身	顔	室内	室外	不明	歯を見せる	歯を見せない	笑わない	その他	見据える	逸らす	横顔	その他	洋服	運動服	水着	旗袍	その他
1931年	0	16	28	6	2	36	4	17	19	4	25	17	2	0	8	0	0	21	15
	0.00	0.36	0.64	0.14	0.05	0.82	0.09	0.39	0.43	0.09	0.57	0.39	0.05	0.00	0.18	0.00	0.00	0.48	0.34
1932年	3	18	29	2	6	42	17	12	18	3	31	15	4	0	10	0	1	22	17
	0.06	0.36	0.58	0.04	0.12	0.84	0.34	0.24	0.36	0.06	0.62	0.3	0.08	0	0.2	0	0.02	0.44	0.34
1933年	13	28	23	11	17	36	22	19	18	5	40	12	8	3	18	2	0	31	13
	0.20	0.44	0.36	0.17	0.27	0.56	0.34	0.30	0.28	0.08	0.63	0.19	0.13	0.05	0.28	0.03	0.00	0.48	0.20
1934年	19	19	12	7	25	17	21	19	9	1	28	12	8	2	22	1	3	17	7
	0.38	0.38	0.24	0.14	0.50	0.34	0.42	0.38	0.18	0.02	0.56	0.24	0.16	0.04	0.44	0.02	0.06	0.34	0.14
1935年	22	34	9	24	32	9	37	9	15	4	37	9	10	9	21	4	3	31	6
	0.34	0.52	0.14	0.37	0.49	0.14	0.57	0.14	0.23	0.06	0.57	0.14	0.15	0.14	0.32	0.06	0.05	0.48	0.09
1936年	10	22	3	12	18	4	23	4	7	0	17	3	9	5	9	0	1	22	2
	0.29	0.63	0.09	0.34	0.51	0.11	0.66	0.11	0.20	0.00	0.49	0.09	0.26	0.14	0.26	0.00	0.03	0.63	0.06
1937年	7	14	3	3	19	2	17	3	3	1	11	3	6	4	8	0	3	9	4
	0.29	0.58	0.13	0.13	0.79	0.08	0.71	0.13	0.13	0.04	0.46	0.13	0.25	0.17	0.33	0.00	0.13	0.38	0.17

図 3 - 4　（左）1934年 8 月29日号の表紙（1934：1649）.
図 3 - 5　（右）1935年10月 9 日号の表紙（1935：3325）.

様化した（図 3 - 4 ，図 3 - 5 ）.

　つまり，全体的に見れば，モダンガールのイメージが活動的になっていった.
1931年の投稿募集に，全身像ではなく，「もし写真館で撮られた半身の写真を
送ってもらえば優先的に掲載する」（1931：435）と記されたが，1936年になる
と，春の「明るい光の中」での「室外の生活写真」（1936：1973）が求められる
ようになった．のちに詳述するが，その変化の背景には，健やかな体づくりを
推進する国家の要請と日常的な身体ケアに対する女性の意識の高まりがあった.

　いずれにせよ，自由に余暇生活を楽しむ少女たちのイメージは，『玲瓏』の
なかのモダンガール論と共振する面もあった.「モダンガールの人生観〔摩登
少女的人生観〕」と題されるある女性読者の投稿には「親愛なるモダンガール
よ，美しくて短い青春，爛漫たる黄金時代を思う存分に楽しんでごらん．……
新しくて面白いものを作ってごらん」（戎女 1931：512-513）との提言があり，刹
那主義をモダンガールの特権として勧めている口調が認められる.

　一方，表情面では，10％程度だった歯を見せて笑う写真の割合が年々増加し，
1937年には71％に達している．快活な表情の増加に対応して，目線においても，
見る者に対して目を逸らすような写真が減少する傾向にあった．見られる客体

として他人のまなざしを回避するのではなく，自ら見つめる主体となっていく自信が読み取れる．

　最後の「服装」項目を見ると，1930年代中期におけるスポーツ選手の登場と対応し，運動服や水着を着用する女性のイメージが微増したことがわかる．それ以外は普段着の洋服とチャイナドレスがほとんどである．1934年を除けば，チャイナドレス（旗袍）が比較的に多かった．

　この年にチャイナドレスに取って代わり，洋服姿の女性表象の占める割合が急増したのは，新生活運動によりチャイナドレスが取り締まりの対象となったことに一因があると考えられる．1930年代のチャイナドレスは以前に比べ，モダンな模様が増えただけでなく，全体のデザインもボディラインを強調するようになり，裾丈の長さがどんどん伸びていくと同時にスリットが太ももまで深く入れられるようになった（呉 2008）[6]．

　こうした変化は政府からの厳しい監視を招いてしまい，露出度が高く，デザインも華やかなチャイナドレスが取り締まりの対象となった．さらに民間においてもそうした着装を女性の不謹慎な行動だと見なし，戒めようとする行動が見られる．「モダン破壊団〔摩登破壊団〕」と呼ばれる極端な組織が都市部を中心に現れ，映画館・ダンスホールなどの娯楽施設に出入りするモダンガールを狙って，ハサミでその服を切ったり，硫酸をかけたりした．こうした状況を受け，チャイナドレスのイメージが激減したと考えられる[7]．

2．母親の不在

　表紙の全体的な傾向を概観すれば，中国人モダンガールのイメージはバリエーションが多く，しかも活動的になっていったことが見て取れる．では，そこにどのような女らしさの規範が表出されているのだろうか．まず，確認しておくべきは，表紙には母親らしいビジュアル・イメージが登場することはほとんどなかったことである．

　表象を読み解く作業は，表象されるものに注目する必要がある一方，表象されないものにも注意を払う必要がある．なぜなら，メディアなど公的な情報空間において表象されるものが見る側の脳裏に焼き付けられ，特定の観念やイデ

オロギーを普及させる一方，「表象されないものは意識から次第に薄れていき，その表象の不在すら問題にならなくなる」という「表象の副作用」も存在するからである（菅・山崎 2006：186）．

　1930年代とは，女性の生殖主体化及びそれを介する女性の国民化が押し進められた時代である．清末期以来の「強種」思想を受け継ぐ形で，「束胸」の習慣が国民党政府の内政部に「衛生を妨害し，弱種につながる」「種族の優生を損なう」といったナショナリズムに基づく理由で禁止され，それとの関連で母乳育児が大いに称賛された（盧 2012；盧 2018）．また，次世代の再生産と結びついた「体育救国」という体育観が女子教育に組み入れられ，女学生の身体がいっそう国家の管理下に置かれるようになった（遊 2012）．

　上海では，区の衛生事務所が相次いで母子衛生業務を増設し，出産前検査や助産師の派遣に力を入れるなど，出産の医療化が進んだ（趙婧 2013；趙 2015）．さらに新生活運動の只中で，国家イベントとして「児童年」が推進されたが，その真っ先に実験的試行を要請された地域も，上海であった（蔡 2022）．

　つまり，当時において，産む性としての女性身体こそ，国家が期待するものであった．にもかかわらず，『玲瓏』の表紙における母親のイメージが極めて薄いのはなぜだろうか．それはいかにして可能となったのか．

　すでに論じたように，女子教育の成長を背景に誕生した『玲瓏』は，主に若い女子をターゲットにしていた．在学中の者もいることから，一部の女性読者はまだ生活面・経済面において親たちの保護下に置かれていたと推測できる．しかし，表紙にはそうした母親に保護されている女の子のイメージは皆無である．

　一方，表紙写真において女性自体が母親のように見えるものは，1937年の日中戦争直前に現れた1枚のみであった．第5章で取り上げるが，それは戦争が迫ってくるなかでジェンダーの再編を暗示するイメージであり，例外的だったといえる．

　たしかに，『玲瓏』は，創刊まもない1931年4月22日号から「児童」欄を開設し，「育児の智識を指導する」（1931：205）という趣旨を掲げた．そして毎号1-2ページの紙幅が割かれており，停刊まで継続していた．母役割への関心を抹殺してはいなかったようである．しかし，その役割が日常的具体的なイメ

図 3 - 6　1934年1月1日「児童特刊」の表紙写真（1934：1112）

ージとして示されなかったことは，いかにも現実味を欠いていたとも言わざる
を得ない．

　事実，母親イメージを起用するよりも，むしろ意識的に「母親の不在」の局
面を作り出しているように見える．この点は，特に1934年の表紙の変化に見る
ことができる．その年，「児童年」の設立が中華慈幼協会により提案され，の
ちに国家行政院の批准を得て先に上海で実行に移された．のちに全国で関連イ
ベントが行われ盛り上がっていった．子どもの発育をめぐるコンテストが開催
されたほか（盧 2012），子ども向け読み物への関心が一気に高まった（蔡 2017；
蔡 2022）．

　『玲瓏』も「児童年」の盛り上がりに対応する編集方針を取った．1934年1
月1日の新年号は「児童特刊」として組まれることになり，表紙には児童コン
テストで「甲等賞」を獲得した汪海博という幼児の写真が掲載されている（図
3 - 6）．健康で無邪気な微笑みを見せている写真である．その横には「謹賀新
年〔恭賀新禧〕」という印字が見られる．いみじくも新生命の誕生と新年の始
まりとが重なり合う縁起の良いイメージが作り出されており，和やかな雰囲気
を感じ取らせる．

図3-7　(左) 1934年1月1日号「児童特刊」の「ハリウッドの子どもタレント〔好菜塢之童星〕」と題されるページ (1934：63).
図3-8　(中) 1936年4月1日号「シャーリー・テンプル特輯〔秀蘭鄧波兒特輯〕」の表紙 (1936：841).
また，同年5月20日号もシャーリー・テンプルの特集であった.
図3-9　(右) 1936年9月25日号「児童特輯」の表紙，子どもタレントだった胡蓉蓉の写真が掲載されている (1936：1401).

　しかし，「児童特刊」とはいえ，母親の姿はまったく表象されていない．かわりに多種多様な子どものイメージが単独で登場している．そのなかには，図3-7のような，「ハリウッドの子どもタレント〔好菜塢之童星〕」(1934：63) という，ハリウッド・スターたちの子どものファッショナブルな姿を集めているページが見られる（図3-7）．ここでは，母親になると意識させるよりも，むしろ読者のハリウッドへの関心，あるいはゴシップ好きな心理に応じているように見える．同じ傾向はシャーリー・テンプルの特集が2回も組まれたことからも見て取れる（図3-8）．

　そのほか，1936年9月に刊行された「児童特輯」の表紙にも中国人の子どもタレント胡蓉蓉の写真が掲載されている（図3-9）．これらの子どもたちのイメージは女性誌『玲瓏』において極めて曖昧な領域をなしていた．母親の姿が不在で，子どもだけが起用されていることは，そのイメージの解釈が必ずしも母役割につながるとは限らないことを意味するだろう．というのは，子どもタレントのような公的人物は，私領域において母親の保護と養育を必要とする子どもとはまったく別の次元の存在だったのである．

　さらに，1935年1月9日号「児童図画特輯」の表紙も興味深い．一組の男女と子ども3人が掲載されているが，よく見れば，2葉の写真をつなぎ合わせて

図3-10　（左）1935年1月9日号「児童図画特輯」の表紙.
図3-11　（中）子ども像の横に「小さな妹〔小妹妹〕」という地の文が見られる（1937：1842）.
図3-12　（右）「お嬢さん黛琳と彼女の弟〔黛琳小姐和她的弟弟〕」（1937：802）.

構成されていることがわかる（図3-10）. 一家団欒の家庭像ではなく，あえて子どもと男女のカップルを異なる空間に置き，しかも後者を画面の中心に据えるということは，母性愛よりも異性間の感情を重視するというメッセージが読み取れる.

　このような明確な「母親の不在」とも呼ぶべき編集の意図は，雑誌のなかの子どもと女性読者の関係性に別の可能性をもたらしている. そもそも10代が中心の女性読者にとって，子どものイメージによって喚起されるのは「我が子」への思いなのか，「兄弟」への思いなのか，検討する余地が残されている. 実際，「妹」や「弟」と明記される子どもの図像が多くある（図3-11，図3-12）.

　このように，自分を保護する母親のイメージも，自分の未来像としての母親のイメージも『玲瓏』の表紙では極めて薄い. いわば，二重の意味で「母親の不在」が確認できる. 表紙上の健康的で活動的な女性身体は，生殖主体や母役割とのつながりよりも，別の役割規範を映し出している可能性が高い.

3．美しさ規範のあり方

3-1．曖昧な「健康美」

表紙における身体イメージが含意する役割規範を明らかにするために，

「個々人の有する身体に対する価値観，美的感覚，思考・行動様式の総体」，いわば「身体文化」にも目を配る必要がある（黄 2019：2）．以下，『玲瓏』のなかの関連記事を分析することで，表象上のモダンガールのイメージを支える規範を明らかにしたい．

　前述のように，1930年代中期におけるスポーツへの関心が，表紙上のモダンガールのイメージに従来の肖像写真にない躍動感をもたらした．当時，「体育救国」という言葉が盛り上がったように，スポーツを推進することは民衆の身体を規律化，国民化させる，すなわち国家建設の一環とされていた（黄 2006；遊 2012）．数々のスポーツ大会が開催されたのも，国民の体質改善および集団精神の向上を図るためであった．なかでも女子体育は健康な母体の創出につながるため，国民を再生産する上で重要視されていた.[10]　先の図 3‐3 の「全運女子特刊」の表紙はこの文脈において理解される.[11]

　しかし，『玲瓏』のなかの記事を見れば，身体を鍛錬し，競技に耐えうるような丈夫な体を作り上げるよりも，むしろ軽い運動や日常的なケアとして身体を管理する方法を取り上げている．たとえば，学校生活を切り取った写真のなかに，運動場で体育イベントが行われる場面があるが，その多くがパフォーマンスを重視するダンスといったようなものである（図 3‐13, 図 3‐14）．また，1933年 5 月に開設された「美容顧問」というコーナでは，体型管理，頭身比率などで悩みを抱えている読者の投稿に対し，編集側はしばしば体を動かすことを勧めているが，体操や水泳といったレジャー的なものが多い（陳珍玲 1933：765；珍 1933：944）．表紙にも，日常的な娯楽としてスポーツを楽しむ若い女性の姿が登場していた（図 3‐15）．つまり，スポーツすることの政治的な含意は明らかに弱められていた．

　先の「美容顧問」欄で「本誌は平素から健康美を気にかけている」（1933：764）と謳っているように，『玲瓏』において求められているのは，「丈夫」な身体より「健康美〔健美〕」を備える身体である．それはいわば，「健康」と「美」を兼備する体格を表すのに用いられる審美感である．先行研究が明らかにしたように，国家レベルにおいて「健康」に重きを置くこの言葉が，民衆レベルにおいてはしばしば「美」の側面が強調され，身体の自律性を擁護する価値観として再解釈された（遊 2003；Gao 2006）．

左圖蘇州東吳大學第四次體
育表演大會中大學二年女生
之『瑞士土風舞』（楊士芳攝）

金陵女大體育系
學生表演木屐舞

（國際社攝）

図 3 - 13　（上）蘇州の東吳大学で開催される体育イベント「スイスの土風踊り」（1933：23）.
図 3 - 14　（下左）金陵女子大学体育学部の学生が披露している「下駄踊り」（1934：1107）.
図 3 - 15　（下右）1935年 5 月22日号の表紙. スケートを楽しんでいる女子（1935：1113）.

　この認識の差を象徴的に示すスポーツが水泳である. 水泳は競技・種目の 1
つとして, 国民の体質の改善ひいては国威発揚に直接に結びつく. 後者に関す
る一例を見ると, たとえば1932年ロサンゼルスオリンピックの競泳競技で日本
が金メダル 5 枚, 合計12枚のメダルを獲得し大活躍したことが『玲瓏』におい
て報道され, 体育で国力を高めることの必要性が説かれている（1932：670）.
　しかし一方, 多くの記事のなかで, 水泳はやはり民衆の日常に浸透している
娯楽として捉えられている. とりわけ女性の水泳に関するイメージには解放的
な身体技法が強調されているように見える（図 3 - 16, 図 3 - 17, 図 3 - 18）. 鮮や
かな水着を着用しているモダンガールのイメージは, 水泳が持つナショナリス
ティックな要素を薄め, 女性の楽しさを披露するものとなった. そもそも『玲

図3-16　（左）1936年7月1日号「水泳特輯」の表紙（1936：1881）.
図3-17　（中）1934年8月29日号の裏表紙（1934：1712）.
図3-18　（右）停刊前最後の号となる1937年8月11日号の表紙（1937：2101）.

瓏』では，水泳は体を鍛えるだけでなく，体を愛しむ慣行として，「日光浴」
とともに語られ勧められることもあった．たとえば，女性読者影絲が，「三浴
——日光，空気，水は，女性の体格を健美にすることができる」とする一方，
現在，中国の置かれている状況では「実行できる可能性はない」と認識した上
で，「この状況下では，たくさん水泳をしたほうがいい」と勧めている（影絲
1936：2152-2153）．また，紫萍女士は日光浴と水泳の親近性を指摘した上で，そ
れが「極めて平和的な運動で，益あり，害なし，そして激しい運動による損傷
は絶対に起こらない」と説いた（紫萍女士 1936：2076）．図3-17，図3-18のよ
うな，プールの近くに半ば横たわっている水着姿のモダンガールが多く見受け
られるが，水泳時の躍動感は感じられず，日光浴の感覚で登場しているのかも
しれない．

　1930年代を通じて，公営プールでの男女隔離や女性の水泳をめぐる風化問題
がメディアを賑わしたが（潘 2021），「健康美」との関連で女性の肌の露出は容
易に正当化される面があった．こうした曖昧な「健康美」によって，水泳をは
じめスポーツはどんどんナショナリズムの目的からずれて，女性が身体的魅力
を発揮する恰好な場になったとも言えよう．スポーツ選手と女優のイメージが
混淆となったのも，このことを象徴的に示している．第5回全国大会ですべて
の女子競泳金メダルを獲得したことで，一躍「美人魚」と謳われて人気となっ

86

図3-19　(左)「美人魚」と謳われた楊秀瓊 (1936：762).
図3-20　(中) 1936年7月1日号の裏表紙に登場した楊秀瓊 (1936：1960).
図3-21　(右)「全運女子特刊」に掲載された,「運動好きで中国で最も健康美を備えているスター」王人美の写真 (1933：431).

た楊秀瓊は,しばしばお洒落な洋服姿で『玲瓏』に登場している (図3-19, 図3-20). 特に図3-20のように,「我が国を代表して世界大会に出場する楊秀瓊女士」(1936：1960) との紹介があるが,楊がまったく競技と無関係な環境に置かれており,むしろ彼女のファッションのほうが見る側の目を惹くのである. 一方,スポーツを楽しんでいる女優の写真もこの時期に増えていき,両者の区別をいっそう曖昧にした (図3-21).

　以上のように,「健康美」という観念は女性の日常的慣行や身体的魅力と関連しながら広義な意味合いを獲得した. 実際,『玲瓏』における「健康美〔健美〕」に言及した56件の記事を確認したところ,ダンスや柔軟体操など,学校内で行われていた運動,さらに美容,入浴,食事,睡眠といった生活習慣も,広く「健康美」と結び付けられるようになっていた (1934：2585；1935：293；1936：1734-1737).

　『玲瓏』において,「健」と「美」の間で,強調されるのは往々にして後者の「美」である.「健やかさ」より「美しさ」に価値を付与するさまは,運動することの政治的な含意を弱めたに違いない. それはつまり,女性の身体を「産む性」として管理しようとする国家の要請に対して明確に距離を取ったのである.

3-2. 自己愛の涵養

ただし，異性間の交際を積極的に勧めている『玲瓏』において，そうした一見，日常生活の中で主体的に身体の「美しさ」を追求することは，男性に注目されたいという動機に基づく可能性もあるため，男性優位の性別分業をむしろ促進させる危険を孕んでいる．これに対し，女性の性的対象化を意識的に回避しようとする言説群が見られる．たとえば，次の記事では女性独自の「愛美性」が強調されており，そこには男性のまなざしへの対抗意識がはっきりと現れている．

　　美を愛することは女子の生まれながらの特徴だ．……美を愛する気持ちが募ればこそ，女子は自身の美に向けて関心をもつようになるのだ．これを「愛美性」といい，女子が誇りに思えることと認められよう．しかし現在では，あれほど素晴らしい「愛美性」が男子に利用されて女性を攻撃するものとなっており，それはあまりにも女子のことを見下しすぎている．
　　（碧 1934：73）

「女子は自分を喜ばせてくれる人のために容姿を整えるのか？〔女子是為悦己者容嗎？〕」と題するこの投稿は，やや挑発的な問いを提起することで，男性に迎合するのではなく，女性は自らを喜ばせるために自分の体に配慮するのだと主張している．

ほかにも，「上海ガール」を競うミス・コンテストの開催について，「男性が行うコンテストのことだから，……彼らが弄ぶための新たな傀儡を作るにほかならない」（1935：2074）というふうに，男性が設けた「美」の基準に対抗する発言がある．

このように，自らの身体への愛しみやそれをめぐる男性のまなざしへの拒否的態度は，外部の要請よりも自分のために美しくなりたいという「自己愛」のまなざしとして捉えられよう．当時の社会背景を考えると，こうした態度は，女性の身体への規制がますます強化していくことに触発される面もあった．

1934年2月に蒋介石が江西省南昌市で新生活運動の開始を宣告した後，女性を家庭に囲い込もうとする政策が各地で打ち出されていった．女性への規制が日常生活の細部まで浸透し，なかでも外見の面では，賢妻良母にふさわしい質

素な服装が推奨され，それ以外の着飾りは「奇装異服」だと断罪され，取締りの対象となった．『玲瓏』では各地の動向に注視し，上海はもちろん，北京，広西，広東，山西，杭州などの状況も報じていた（萍子 1934：2101-2103；孟子 1935：755-756；1935：975-976；1935：1983；珍 1935：3251）．

　興味深いことに，それらに対して一々反論がなされていた．その多くが男性のダブルスタンダードに不満を訴えるものである．たとえば，北京で実施されている女性を対象とする禁令を列挙した上で，「男子の奇装異服を取り締まる草案」を練った論や（萍子 1934：2101-2103），「妖精の典型」「娼婦の変形」といったモダンガールへのバッシングに抗い，「短いズボンを履き，袖を捲り上げたままにしている男子が風紀の乱れ云々と言われないのは不公平だ」という反論が挙げられる（1934：2046-2048）．

　また，地方で「奇装異服」の取り締まりがしばしば妓女を特別視する形で推進されていたことに対し，[12]「妓女も当然婦人であり，どうして彼女たちを例外視することができようか」（1936：157）という発言があるように，極端に性的逸脱した女性に対しても同情を示したのである．

　要するに，『玲瓏』のなかの記事は，男性のエロティックなまなざしや性の二重基準を強く拒否したといえる．こうした社会背景を踏まえれば，先のモダンガールのビジュアル・イメージに見る多種多様な「健康美」の実践は，当の本人が自分の身体がもつ自由を味わう大切な瞬間だったとも考えられよう．

4．「産む性」のオルタナティブ

　本章では『玲瓏』の表紙写真を中心にモダンガールの身体イメージとそれに関連する身体文化を分析してきた．以上の分析から次の2つの知見が得られる．

　1つは，理想的なモダンガールの身体イメージは「母親」という性別役割から距離をとった点である．表紙には，保護者としての母親も，未来像としての母親もほとんど現れなかった．このように二重の意味で「母親の不在」が創出された．母性主義が称揚されるなかで，こうした「表象の副作用」は，見る側を一時的にでも体制側の押し付けから解放させ，彼女たちに重荷から逃避する自由を与える機能を持ったと考えられる．

　もう1つは，母役割のかわりに，日常的に身体を愛しむという美しさ役割が浮かび上がってくる点である．「健康美〔健美〕」に象徴される美しさへの追求は，国家の要請を利用しつつ，「産む性」としての女性身体のオルタナティブを目指したと言える．同時に，それに伴う女性の性的対象化を防ぐために，男性からのまなざしを防御し，「自己愛」を涵養する傾向が見て取れた．

　この2点は，前章で論じた女性の性的魅力への承認をビジュアル・イメージの表現から再確認し，また外見を磨くことは日常的な身体の愛しみというソフトな営みによって達成される側面が大きい，ということを明らかにした．むろん，こうした上からの規制を相対化する美の追求は，翻って女性の身体に新たな呪縛をもたらす恐れもある[13]．しかし，新生活運動という歴史的状況において，ひとまずそれが持つ抵抗的な側面を認めなければならないだろう．各地の禁令に異議申し立てをする言説群は，当時の女性がいかにも自らの身体の自由に敏感であったのかを示唆しているのである．

　いずれにせよ，モダンガールにまつわる論説とビジュアル・イメージの両方を確認した結果，表象上においては，性別役割，とりわけ母役割にとらわれないジェンダー規範が編成されていることが明らかになった．美しさ規範に基づくモダンガールの外見的魅力の強調は，性差を強化したが，性別役割分業に直接結びつかなかった．むしろそれに対する回避的な態度につながっていた．次に見ていくように，それがトランスナショナルな文脈において，さらなる複雑な様相を呈していった．

注

1　女性読者の写真を募集する文句が『玲瓏』の刊行期間中に一貫して見られる（1931：435；1933：907；1933：1/85；1934：1287；1936：582）．写真を採用されたら，謝礼として一冊分の『玲瓏』あるいは「玲瓏叢書」が得られる．

2　当時，上海市教育局は刊行物に職業婦人や女学生の写真を掲載することの取り締まりを社会局に提起したことがある（『湖北教育庁公報』1930.10.15）．写真を表紙に飾るという手法は，中国では1910年代に出された娯楽誌にすでに見られる．当初は妓女についてのランク付けや住所などの情報を掲載するのが一般的であったため，女性の写真公開にはこうした複雑かつ「不名誉」な歴史がつきまとっている（Lee 1999）．また，個々人の肖像写真をメディアに載せることは，写真のもつ私的な性格を弱め，それを公的領域で流通する「商品」にする側面もあった（姚 2010）．

3 スター女優をめぐる特集では, 稀に外国人女性が表紙に登場することもあった. たとえば, 1933年1月8日「明星特刊」, 1934年1月31日「電影明星特輯」, 1936年10月28日号「外国影星図画特輯」がある.

4 筆者の統計によると, 登場した213人の外国女性像のうち, ハリウッド出身と特定できるのは76人である. このほか, 人物名は記載されていないが, 西洋人が映っている映画の一場面らしき写真が85枚あった. 当時の中国の映画市場におけるハリウッドの独占状況を考えると (蕭・尹 2005；葉 2008), その多くがハリウッド女優であることが推察できる. それに次いで多かったのは戦間期に活躍したドイツの映画会社ウーファの女優である. 一方, 日本人の登場は数から言えば決して多くはないが, 表紙における「中国／西洋」という構図を揺るがした点において重要な意味を持つ. それに関しては第5章で検討を進める.

5 運動会の場面にあるような群像を除いた. また, 幼い女児のようなイメージも対象外にした.

6 この変化について, 1930年代に上海に滞在していた日本人作家米田華虹の手記では, 「直線が多く, 曲線の少い型は, 現在に見ることは稀で, 全然一變して, 近頃は反對に, 身體へピッタリと貼く衣裳が流行をして来て居る」(米田 1930：6) という観察もある.

7 一般に, チャイナドレスは「伝統服」と認識されがちであるが, 実際には近代に生まれたものである. 通説によれば, チャイナドレスがツーピースではなく, ワンピース型として定着したのは, 五四新文化運動期の男性知識人がよく着た「長袍」と形が似通っていたからだとされている (謝 2011；Finnane 2008). 全体的にゆったりとしており, 女性の性的特徴を包み隠すようなデザインは, 五四期に提唱された「男性並み」の男女平等観の具現化でもあった (Mann 2011＝2015). 1920年代のナショナリズムが高まるなか, 教育を受けた意識の高い女性たちが持つ男性と共に戦う決意に適合した服として, 「長袍」型のチャイナドレスが選ばれたというわけである. しかし, 1930年代に入ると, チャイナドレスの様式に変化が起き, ファッションとしての性格が濃くなった. また, 中国服の形を保ちながらも, 西洋的な要素を取り入れて改良を重ねた折衷的な服装でもあった (謝 2020).

8 「束胸」とは胸を押さえつける下着「小馬甲」を着用する女性の習慣である. 清末から流行していたと言われる (呉 2008). 五四新文化運動期において「反伝統」からくる束胸抵抗運動があったが, 国民革命期前後に至って, 「天乳運動」にまで発展した. 南京政府期における束胸の禁止の法制化は, 健康な次世代の国民を再生産するためであった (盧 2018). ただ, 「束胸」からの解放は服装の曲線美への追求にもつながり (曾 2014), 女性身体の解放には両義性がある.

9 何 (2010) が行った読者欄「玲瓏信箱」の分析によれば, 悩み相談を寄せた読者の多くは18-20歳の女子であった.

10 ただ, 遊鑑明 (2012) によれば, 「体育救国」が唱えられた1920-30年代では, 清末期に比べ, 「強種」に焦点を当てる論が減少した.

11 ほかにも, スポーツに関する特集として, 1931年9月23日号「全市女子運動専号」, 1933年5月10日号「上海市第二回中等学校聯合運動会」, 1934年11月28日号「運動図画特輯」などが組まれた.

12　山東省済南市では，妓女の服装は特別に指定されていた（1932：775）．山西省では，妓女はパーマをかけ，ハイヒールを履くように要請された（1936：157-158）．湖南省長沙市において，妓女は桃花の形をするバッジをつけることが義務付けられた（1935：445）．また，良家の女子と性的逸脱な女子を区別するという発想は広東省でも見られた．後者に対しては，手足に烙印を押すことが規定されたのである（1936：3241-3242）．

13　たとえば，「標準的な」身体を具体的な数値で示す記事があり（1934：1589；1935：1941-1942），その基準への追求が規律実践として強制的な自己統制をもたらす可能性につながる．また，それらは西洋から伝来したものが多いため（Gao 2006），資本主義商品文化や植民地的イデオロギーに絡めとられがちであることも否めない．中国人モダンガールの表象構築において「西洋」の位置づけについては次章で詳述する．

❦

第 4 章

西洋への視線：「女性の独立国」としてのアメリカ

1．ハリウッドの流行

　本書の冒頭で引用した辞典項目の元となるモダンガール論を書いた前田河広一郎は，その文章でモダンガールの「外国趣味」と「性の解放主義」が「享楽主義」に由来していると述べ，なかでもアメリカ映画の影響を次のように強調した．

　　ジャズ・バンド，ジャズ・ダンスによって作り出された，あらゆるものを満たしてくれそうな享楽気分は，実にアメリカ以外のどこにもありえないものである．これらは一般的な小資産階級の女子の享楽心を掴んだ．われわれの目に見えるすべての服装，趣味，仕草は，尽くアメリカの映画を規範とし，日に日にアメリカの映画女優の複製品が生まれていくのだ．
　（前田河 1931：246）

　1930年代はアメリカが世界中の映画産業を制覇した時代である．第一次世界大戦後，ヨーロッパにシェアの大半を占められていた世界の映画市場は，急速にアメリカ中心へとシフトした．特に1927年以降，トーキーの成功に伴う撮影所システムの確立や全米映画製造配給業者協会の拡張により，アメリカの映画産業は大量生産，大量輸出の時代を迎えた．製作の絶対的中心地である「ハリウッド」は，単なる地理的な意味を超えて，アメリカ映画の代名詞として世界中でブームを起こすことになった．日本の状況を書いた前田河記事が同時代の中国において認められたのも，ハリウッド文化のグローバルな浸透があったからにほかならない[1]．

　本章は，この「ハリウッド」を中心に，『玲瓏』が提示したモダンガールの

イメージと「西洋」との関係性について探究することとしたい．もちろん，「ハリウッド」から「西洋」を包括的に検討することは無理である．ただし，すでに言及したように，『玲瓏』の表紙においてハリウッドの女優が代表的な西洋人モダンガールであった．また，のちに詳述するが，1930年代の上海社会を席巻した点からすれば，ハリウッドは半植民地上海の文化状況の一端を窺い知る上で重要なキーワードであるに違いない．まず，当時の上海においてハリウッドが大流行していた実態を確認しておこう．

　先の前田河記事が指摘しているモダンガールの「アメリカ映画女優化」は，少なくとも日中両国ともに現れ，ある程度共感可能なものであった．しかし実際，両国のハリウッド受容には大きな差があった．

　1930年代，日本におけるハリウッド映画の年間輸入数はおよそ200本程度であった．ハリウッド映画は日本の外国映画市場において圧倒的なシェアを占めていたが，邦画を凌駕するには至らなかった[2]．両大戦間期を通じて，ハリウッド映画の日本国内での封切り映画に占める割合は約四分の一程度にすぎなかった（戸坂 2006）．

　一方，日本と比べ，同時期の中国において，ハリウッドの受容はかなり積極的だったといえる．1930年代，中国でのハリウッド映画の平均年間輸入数は350-400本程度に達しており，アメリカで製作された年間映画本数とほとんど変わらなかった[3]．また，1931年にトーキーの到来から日中全面戦争が勃発するまでの間，中国国内で上映されたハリウッド映画の数は常に輸入映画総数の8割以上を占めており，国産映画の製作本数の倍以上にもなっていた（程編 1963）．

　このように量的に見れば，当時の中国映画市場におけるハリウッドの一人勝ちの状況は明白であろう．

　なかでも上海は，アジア初のトーキー映画の上映館である夏令配克影戯院や「遠東第一影院」と称される大光明大戯院など，40軒以上の映画館を抱えた一大映画市場として，ハリウッド映画をほぼ網羅的に輸入し，上映していた．旧作の上映も多く，実際の年間放映本数はハリウッドの年間映画製作本数を超えることもあった（蕭・尹 2005）．

　ハリウッドの爆発的な人気は映画関連雑誌の創刊ブームを生み出した．中国では，無声映画時代から映画を紹介する専門誌が上海，北京といった都会部で

早くも生産・流通・消費されていた．1930年代になると，映画市場自体の膨張に伴い，映画関連雑誌の創刊はさらなる活況を呈した．1931年から1940年までの10年間，その数は90誌以上と急成長を遂げた（饒 2009）．

　モダン文化の中心地にあり，市場の動向に鋭敏な三和社も，このブームに乗っかって映画雑誌『電声』[4]を発行した．同誌は1932年の創刊以降，計928号も発行され，民国期において発行号数の最も多かった映画雑誌として，「民国一の映画雑誌」（張 2007：133）と称されている．三和社傘下の出版物は編集陣が重なっており，『電声』の編集責任者だった梁心璽と范寄病の2人も，実は『玲瓏』の編集陣に加わったことがあった．映画に精通する編集者の参入は，『玲瓏』のなかの映画関連情報が同時代の他の女性誌よりも豊富だった一因であると考えられよう．

　ハリウッドに対する熱い関心は『玲瓏』の創刊から休刊まで一貫して見られた．前章でも述べたように，創刊当初から，裏表紙には常にハリウッドのスター女優の写真が掲載されていた．表紙に登場した外国人女性のうち，ハリウッドのスター女優の占める割合は半分近くにも達していた．国籍や出身が特定できていない場合も，映画のスチール写真が多かったため，上海におけるハリウッドの独占的な状況を考え合わせると，そこに映されているのはハリウッドのスター女優である可能性が高い．要するに，カバー・ガールのハリウッド色が『玲瓏』において強かった[5]．

　また，雑誌の中身を見てみると，フルページのハリウッド女優の写真がほぼ毎号用意してあった．写真以外，関連記事も満載であり，創刊号ではすでに「銀幕新影〔銀幔新影〕」欄が設けられており，パラマウント，フォックスといったハリウッドの大手映画会社の新作映画が紹介されていた．その後，読者の関心に合わせ，「Movie〔幕味〕」，「銀幕珍聞」，「ハリウッド・ニュース〔好萊塢新聞〕」，「ハリウッド余聞〔好萊塢花絮〕」といった欄も設置されていった．ハリウッドのエピソードに加え，新作の採点表や名画一覧表が詳細に掲載されている．さらに，時局が悪化する只中の1936年年末においても「外国女優図画特集」が組まれた．

　おそらく当時の読者は一映画ファンとして，誌面の内容を参考にしながら実際に映画館へ足を運び，観賞後にまた感想文を投稿したり，雑誌側のイベント

図4-1　（左）『電声』のハリウッド報道（1934(3) 1：8）.
図4-2　（右）批評型の論説よりも視覚性に傾斜する『玲瓏』（1934：98）.

に参加したりすることが多かっただろう. 誌面では, 読者の参加を勧めるイベントに, 映画に関するクイズ出題や, スターをめぐる人気総選挙などが挙げられる. 事実, 三和社の支部は上海大劇院のすぐ隣に設置されており, 長年国内外の映画スターの場面写真を販売していた. もちろん『玲瓏』にもその広告が載せられていた（1931：100；1935：1248）.

　一方, ハリウッドの関連記事の内容に限って言えば, 『玲瓏』は軟派なファン雑誌に近かった. この点は, 同じく三和社によって出版された映画専門誌『電声』の誌面性格と比べるとさらに一目瞭然である. 『玲瓏』は視覚性に傾斜し, 批評型の長文をまったく掲載しない点において, 『電声』とは大きく異なっていた. 図4-1と図4-2はそれぞれ『電声』が日刊から週刊へと変更された直後の1934年第1号と, その2日前に発行された『玲瓏』の誌面内容を並べたものである.

　表紙を除き, 『電声』ではフルページの図版はほとんど見られず, せいぜい文章に一コマの写真を挿入する程度であった. それに対し, 『玲瓏』では映画スターの肖像写真が頻出していた. つまり, 同じ出版社によって刊行され, 編集陣の一部が重なっていたにもかかわらず, 映画専門誌『電声』に比べ, 『玲

瓏』の啓蒙色は非常に希薄であった.

　写真の伝達するメッセージはしばしば拡散的であるため，『玲瓏』のような視覚性に富んだ誌面構成は，ハリウッドをめぐる多義的な意味空間を生み出すことになる．また，スターのパーソナリティを取り巻く言説も，『玲瓏』のほうが圧倒的に多かった．こうした『玲瓏』の視覚に訴える編集方針が，複雑で重層的なハリウッドのモダンガール・イメージの構築につながっていると考えられる.

　近年，通史的研究[6]のほか，個別研究としてオーディエンス史，とりわけ映画関連雑誌から当時の受容状況にアプローチする研究が徐々に増えてきている（李 2006；佐藤 2007；菅原 2019；菅原 2022）．これらの研究では，ハリウッドが当時の上海社会に「一種の快楽主義的な生活態度とモダンなライフスタイル」（李 2006：37）をもたらしたとされ，ハリウッド映画の上映を通して，人々の「西洋化，モダン化した美学的センスが培われた」（姚ほか 2013：121）とされている．つまり，ハリウッドは，中国の都市大衆にとって西洋のモダン文化に接する窓口となっており，当時ではしばしば審美的価値の高いものとして歓迎されていたというのである.

　こうしたハリウッドの流行に対する西洋近代への即自な追求としての理解は一見的を射たもののように見えるが，限界を抱えたものである．すなわち，ハリウッドを人々のライフスタイルまで変えられる力をもつ文化潮流として捉えれば捉えるほど，受容側の主体的な関与は等閑視されがちである．本書が強調する半植民地主義の視点からすれば，「西洋」のイメージ構築は，重層的な力学が交錯・交渉する過程である．ナショナリズムの影響が当然存在していたし，「西洋」を眺めるポジションによっては，その意味するところや果たす役割が真逆に変わる可能性もある.

　より受容側の主体性を重視したものとして，『玲瓏』のなかのハリウッド・イメージとその機能を論じた Louise Edwards（2012）の研究がある．Edwards は，同誌が「過度」に堕落したアメリカの女性像を構築することにより，「適度」でより良い中国女性のイメージを打ち出していたとし，それが中国独自のモダニティの模索に寄与したという.

　この研究はハリウッドの受容に際して，その表象を成り立たせるメカニズム

に注目した点で本書の関心に近い．しかし，ハリウッドの女性像を反面教師あ
るいは一種の防波堤のような存在としてのみ捉えるのは，先に言及した読者の
映画ファンとしての側面と明らかに齟齬があるだろう．

　これまでの議論を踏まえれば，『玲瓏』のなかのモダンガール・イメージに
体現されていたのは，南京政府初期に浮上した女性が自らの外見・性的魅力へ
の関心，日常的で生きられた身体に対する意識の高まりである．次に，越境的
なハリウッド・ガールに着目することで，こうした意識の形成は，いかにして
「西洋」への多義的な対応を伴っていたのかを明らかにしていく．

2．ハリウッド・ドリームの構造

2-1．外見への同一化願望

　ハリウッドの流行を受けて，中国国内ではハリウッドに倣い，「中国のハリ
ウッド〔中国好莱塢〕」の建設，いわゆる「ハリウッド・ドリーム〔好莱塢
夢〕」を求める潮流があった（李 2006）．実地での見学や技術の導入，さらには
スター・システムの採用など，近代中国の映画市場の成長はハリウッドに負う
ところが少なくない．

　『玲瓏』においても，そうした「ハリウッド・ドリーム」に呼応するような
記事が見られる．設備が優れたアメリカの映画製作は「特に速くて美しい」と
され，「ハリウッドで科学を重んじないものは1つもない！」と説かれた
（1932：1239）．また，写真付きで映画のセットや，撮影の現場で活用されてい
る新技術を紹介する記事が掲載された（1932：1224-1228）．

　これらはいずれも，ハリウッドの工業性に科学的，進歩的で近代的な価値を
見出している．しかし，「お手本」としてのハリウッドの価値は，単に技術面
にとどまらず，スターに対する表象のされ方にも現れており，身体のケアや服
装や化粧といった身体技法の面で，ハリウッド女優は常に模範として見なされ
ていた．

　たとえば，創刊当初に「実用的な知識と経験を紹介し，生活改良のために助
言をする」（1931：126）という趣旨で開設された「常識」欄では，女性の日常
的なケア法が紹介されており，多くの場合ハリウッド女優の名前が大きく掲げ

られていた．ダイアナ・ウィンヤード，エリザベス・アレンなどのハリウッド
女優陣の美容経験談がしばしば直接引用され掲載された（1933：1600；1934：
1144；1934：1489）．あるいは「健康美を備えたあるハリウッドの専門家による
最良の方法」（1932：1214）というような形で，実名を出さなくとも冒頭で「ハ
リウッド」を持ち出すことで読者の注目を集めようとした．

　このように，ハリウッド女優は映画自体から離れ，日常生活の次元での象徴
的な価値を獲得することができた．彼女たちの身なりや着こなしは当時の女性
読者に魅力的な参考例として提示されていた．その権威性はしばしば「ハリウ
ッド」という名によって担保され，ハリウッドにいる女優らは，世界のファッ
ション・リーダーであり，時代の寵児であった．一例を見てみると，「美しい
新装の領導者〔美麗新装的領導者〕」と題する記事は，ハリウッドがファッシ
ョンの中心地である様子を次のように伝えている．

　　　アメリカの繁華な大都会における今風の服飾様式は，完全にハリウッド
　　のスターたちによって生み出されてから，ニューヨークやシカゴへと伝わ
　　っていったものである．多くのスターはこういうふうに人気になったのだ．
　　（1932：1870，図4‐3）

　さらに，世界におけるハリウッド・ファッションの特権的な立場を強調する
言説群も見られる．「昔の服装はパリを基準としていたが，現在ではアメリカ
が次第に追いついてきた」（1932：316）や，「ハリウッドがアメリカの映画スタ
ーの集まるところであるゆえに，世界中の婦人服の多くはそこの様式に倣って
変容している」（1933：1544）などとある．こうした認識の下，最新の服飾様式
を読者たちに届けるために，ほぼ四季を通じて「ハリウッドの新装」が誌面上
で紹介されおり，具体的な内容もインナーウェアからイブニングドレスまで，
かなり網羅的であった（1931：609；1933：2151；1934：173）．ほかにも髪型や化粧
法など，当時のモダンガールのファッションに欠かせない様々な面において，
ハリウッド女優の優位性が不断に生産されていく．

　こうしたファッションと映画との結び付きは，アメリカのファン雑誌にもよ
くある内容である．実際，両者の提携関係はハリウッドの繁栄を築いた要因の
1つでもあり，スター・システムと密接な関係にあったとされている（Berry

図 4 - 3　（左）「美しい新装の領導者〔美麗新装的領導者〕」（1932：1870）.
図 4 - 4　（右）「ハリウッド美美リップクリーム〔好莱塢美美唇膏〕」の全面広告（1936：2788）

2000；周 2004）. すなわち, 常に華麗な新装を身に纏っている女優らは, 自らの
スターとしての魅力をアピールすることができるだけでなく, ファッション産
業の利潤を上げることにも寄与しうる. そして, 後者の実現は, しばしばスタ
ー女優の階層上昇物語の流布が伴っていた.

　Sarah Berry（2000）によれば, 1930年代のハリウッド映画, 及びスター女優
をめぐる報道は, 着飾ることを通して階層の境界を破るというシンデレラ型の
アメリカンドリームを構築したという. それは大恐慌の只中にいる女性オーデ
ィエンスたちにある種の自己実現の希望を与えると同時に, 女性の象徴的消費
を大いに促進した. こうして, スター女優を媒介に, ファッション業界と映画
業界は, 濃密な相乗効果的関係を結んでいたのである.

　『玲瓏』においても, ファッション商品を架け橋に, ハリウッド女優を模倣
する道筋が示されている. ファッション・リーダーとしてのハリウッド女優像
が構築される一方, 洋装, 化粧品, 美容品, 制汗剤といった豊富な関連商品の
広告は, そうした理想像を女性読者にとってより可視的で実現性の高いものに
した.

　たとえば, 図 4 - 4 のような「ハリウッド」を商品名に冠したリップクリー

ムの全面広告もあり，当時の読者側の感覚では，ハリウッドのファッションは決して遥か異国にある手の届かないものではなかった．広告主の多くは上海にある外国商社であるため，誌面の指示にしたがえば，通信販売を利用して容易に商品を入手することもできたのである．また，三和社が直接に販売代理権を授与される場合もあった．

　女性が商品を通して自らの性的魅力を高めるための消費が，女性身体の資本主義的商品化をもたらす危険性もある．とはいえ，ここではまず，中国においても，アメリカ同様に，ハリウッドのスター女優への憧れが存在し，彼女たちをファッション・リーダーに祭り上げる傾向があったことを指摘しておきたい．それらのスター女優は，近付きがたい崇拝の対象ではなく，ファッション商品の消費や日常生活上の工夫などを通して，あくまでも模倣可能な対象として捉えられていた．つまり，誌面の内容から，ハリウッドのスター女優に代表される西洋人女性の外見イメージへの同一化願望が読み取れるのである．前章の議論を踏まえれば，『玲瓏』誌上の「美しさ規範」はハリウッドのスター女優によって促進される面もあったといえる．

2‑2．中／西区分の表象戦略

　ハリウッドのスター女優を同一化の対象とする傾向がある一方，実際にハリウッドの女性像を中国人女性像と比較すると，中／西の区分は相変わらず顕著であり，また顕著でなければならなかったことについて同時に指摘しておく必要がある．

　誌面上の中／西区分は，とりわけ雑誌に掲載された女性のビジュアル・イメージに反映されている．前章でも述べたように，『玲瓏』では，創刊号から表表紙に中国女性，裏表紙に西洋女性の写真を載せるという中国と西洋の二分を暗示する構成を取っていた．中国女性のなかには女学生，女優，女性スポーツ選手といった多様な属性が含まれているのに対し，西洋女性のほうはハリウッド出身のスター女優が多かった．

　視覚性に訴えるこれらのハリウッド女優のイメージは，肩出しや背中開きのドレス，透け感のあるスリットなど，露出度の高いファッションの形で打ち出された．太ももや胸にそっと手を当てるしぐさなど，官能的なイメージを色濃

く帯びているものもあった．それに対し，中国女性像は服装といい表情といい，性的逸脱に直結するようなイメージはそれほど多くはない．せいぜい女優の黎莉莉や王人美が短いスカートやタイトなドレスを着ている程度であった（1932：74；1932：312；1932：314）．さらに何よりも，ハリウッド女優らの写真の横に添えられた文字には，「肉感」（1932：29），「媚態」（1933：1958）といった，中国人女性の表象では決して見られない，エロティシズムを明示するようなフレーズが多く用いられた．

　このような女性の身体イメージに表された「セクシーさ」，「色っぽさ」の決定的な差異は，中国と西洋の間に明確な境界線を引くものであった．境界線の確立は，むろん，実態の差異に起因するところもあるが，それ以上に中／西の区分を維持させる力学が存在していた点は見逃せない．女性誌に掲載されていた自国の女性像が，ある意味，読者にとって最も具体的で理想的な女性像だとすれば，1930年代における「中国女性」のイメージは当時の時代状況に大きく制限されていたとも捉えられる．

　国民の再生産を担う役目を押し当てられ，母性につながる丈夫で健康な体をもつ女性がナショナリストから「安全」なものとして脚光を浴びるなか，それとは対照的な「危険な性」を想起させるエロティシズムは一掃されるべきものとされていた．官能的なハリウッド女優像とまったくそう感じさせない中国人女性像という表象の布置は，この「安全対危険」の構図を踏襲していると考えられる．

　危険なセクシュアリティを「西洋＝外部」の上に重ね合わせるような対処法は，中国だけに見られたものではない．柏木博（2000）は1930年代の『週刊朝日』の分析にあたり，「日本的なもの」が求められた時代，国家を聖化する力をもつ理想的な女性——「母」のイメージは，エロティズムを排除した健康なイメージでなければならず，それゆえ官能的な西洋人女性像がしばしば対置されたと指摘した．一方，潜在的な欲望を表現するものとして，欧米人の特徴を隠し持つ日本人女性像も生み出されたという．概して，1930年代の日本人女性像は，「聖化された日本的な母と，官能的な欧米風の女との間で揺れ動いていた」（柏木 2000：29）のである[7]．

　前述の Edwards（2012）も，『玲瓏』誌上の中国人モダンガールのイメージは，

図4-5　（左）1933年国慶節特集号表紙（1933：1845）
図4-6　（中）1933年国慶節特集号裏表紙（1933：1924）
図4-7　（右）1932年国慶節特集号表紙（1932：913）

儒教的伝統を備えた中国女子と道徳的に堕落したアメリカ女子という2つの「極端」の間で形象されたものであり、そこには中国の「適度な近代性」（Moderate Modernity）が体現されていると主張している.

　しかし、イメージの振幅される幅が明らかになったとはいえ、「危険」な「西洋女性」に対峙しうるものとして持ち出されたのは、具体的にどのような傾向性を持つ「中国女性」だったのか.『玲瓏』の視覚表象を見るかぎり、期待されたのは日本のような伝統的な女性像でも健康で豊満な近代的母親像でもなかった. ナショナリズムが最も意識されるはずの「国慶節」の記念号にそのことはよく表れている.

　図4-5と図4-6はそれぞれ、1933年10月10日に刊行された建国記念特集の表表紙と裏表紙である.[8] 裏表紙にあるのはまさにエロティシズムを発散させているハリウッド女優のセクシー写真である. ノースリーブのトップスに脚がほぼ丸出しのショートパンツ、そして胸にそっと手をおいて自分を抱きしめるかのようなポーズは、いかにも軽佻浮薄な印象を与え、Edwards（2012）の述べた通り、一種の「極端」なイメージを構築したといえる. それに対し、表表紙を飾っているのは、その年に行われた第5回全国大会で陸上競技に出場した2人の中国人女性スポーツ選手の写真である. しかも、表紙写真としては珍しくハードルを飛んでいるという躍動的な瞬間を捉えている.

　ここでは，官能的な西洋女性とスポーツに堪能で健康的な中国女性というイメージのギャップが極端に表現されており，建国記念号であることを考えると，表象の中／西区分の激しさは中国ナショナリズムの発露として捉えられなくもない．ただし，図4‐5の中国人女性像は，「中国の伝統」あるいは静淑な「東洋美人」のイメージからは明らかに離れている．その身体性から見て取れるのは，むしろ近代化特有のスピードへの追求である．興味深いことに，前年の建国記念号の表紙にも車に寄り添うというめったに見られないモダンガールの写真が掲載された（図4‐7）．

　このような中／西区分の対峙は何を意味しているのだろうか．まず，前章でも論じたように，再生産のために称揚される健康な女性身体はしばしばスポーツする身体にすりかえられるため，図4‐5を将来，母性を育むようになる丈夫な身体と見なすことができる．ただし，ここでより注目に値するのは，建国記念日にしては，「中国色」が強調されるどころか，逆に薄められているように見える点であろう．「全盤西化」が唱えられた五四新文化運動を経て，南京国民党政府の時代になると，五四期への反省も兼ねて中国本位文化論や民族優越論が台頭しつつあった（倪 2003；西槇 2005）．しかし，前頁の建国記念号の表紙には，依然として伝統への回避が見られた．ナショナルなものをもって西洋と対峙する際に，「中国色」を増幅し純化させるというよりも，近代化の誇示につながるスピード感や，開放的な都市空間といった要素をいつもにもまして表象のなかに盛り込む戦略が取られた．競技スポーツにせよ，機械工業にせよ，当時では国力を測るためのある種の世界的基準にあたるものであり，純粋な「中国色」とは距離があった[9]．そうした世界普遍的な尺度を信奉する意識自体，西洋の近代化に大きな影響を受けたものである．

　このように，ハリウッド女優への同一化願望がある一方，それと距離を置く傾向もまた存在していた．西洋に対し憧憬と警戒という2つの力学は同時に働いていたのである．ただし，以上の分析を通し，中／西区分の女性像は単純に「中国本位」や「中国の伝統」への意識の高まりと見てはならないことが明らかになった．中国女性／西洋女性というイメージの差は，「中国的なもの」と「西洋的なもの」との差異化意識以上に，西洋近代の光と闇の両方を理解し利用するという意識によって支えられた面が大きいだろう．特にその明るい部分

を吸収し，ナショナルなものに転化させようとする意識が窺える．

　こうして，官能的なハリウッド女優と中国人モダンガールの対置は，「西洋」の価値を下げるように見えるが，実は逆説的に「西洋」の優位性を強化する仕組みも内包されている．中／西区分の視覚表象には，ナショナリズムへの「配慮」があったとはいえ，ハリウッドに対する徹底的な「排除」は見られなかった．ナショナルな理想とはかけ離れた，官能的で「危険」なハリウッド女優のイメージが誌面から消えることなく，継続していることは，見る者がそのイメージに別の印象と価値を見出していた可能性を示唆している．

2-3.「女性の独立国」という隠喩

　前節で言及した柏木（2000）はまた，エロティックな西洋人女性像には大衆の潜在的な欲望が投影されていることを指摘した．むろん，こうしたキッチュな感性は当時の中国社会にも存在し，都市大衆に希求されていたことは否めない．実際，1930年代前後，「エロ・グロ」に近い「色情文化」が中国にも氾濫し（坂元 2010），日中間にはその相互浸透性も見られた（大尾 2022）．このようなエロ・グロの文化潮流は，男性の視点から考察されてきた傾向がある．一見「極端」にセクシーなハリウッド女優のイメージに対し，女性の立場から再検討する余地がある．

　次頁の図4-8は映画のワンシーンと思われるが，性の露出を前面に出している無防備な女性と，強いまなざしでそれを凝視している男性が登場している．そして，タイトルには「男性の視線に注意せよ〔当心男子之視線〕」とある．

　『玲瓏』のなかのハリウッド記事は，アメリカのファン雑誌から転載したものが少なくない．[10]　しかし，当地のファン雑誌とは異なり，男優が主役として登場すること，とりわけそのような視覚表象はそう多くはなかった．ここで，「男性の視線に注意せよ」という地の文は，別に映画のプロットに即したものではなく，女性の立場に立つという雑誌側のスタンスを強化する呼びかけであると言ったほうがあたっているのかもしれない．男性に批判的なまなざしを投げ返すことによって，非規範的なセクシュアリティを象徴するハリウッドのモダンガールを直ちに無害化したからである．[11]

　さらに，「彼女が世界中の男性を熱望している〔她熱望着世界的男性〕」

図4-8　（左）「男性の視線に注意せよ〔当心男子之視線〕」（1931：1053）
図4-9　（右）「彼女は世界中の男性を熱望している〔她熱望着世界的男性〕」（1931：69）

（1931：69）とされるクララ・ボウの写真（図4-9）が掲載されるなど，受動的に「見られる」だけでなく，能動的に「見る」存在としてのハリウッド女優のイメージも打ち出された．このように図4-8と図4-9の写真とその解説文は，『玲瓏』の内容を女性の視点から読み解く必要性を改めて思い知らせる好例であろう．

　これらハリウッドにまつわるフェミニスト的なメッセージを踏まえれば，前述したセクシーなスター女優像は単に「危険」なものではなく，別の解釈の可能性も開かれることになる．性的な面で挑発的なスター女優のイメージは，ある種の強力な主体性を表出し感じ取らせるものであったことが，彼女たちにまつわる記述から見て取れる．

　象徴的な一例として，銀幕の「セクシー・シンボル」と言われ，後述するようにアメリカ映画史において検閲制度と不可分な関係にあったメイ・ウェスト（図4-10）を見てみよう．誘惑に満ちたウェストの姿はいうまでもなく常に男性のまなざしを受け入れ，その欲望の対象とならざるをえなかった．『玲瓏』に転載されているアメリカ側の記事からもわかるように，アメリカの男性オーディエンスによる女優の人気投

図4-10　メイ・ウェストの「心打たれる演技」と「曖昧な態度」（1933：2472）

票において，メイ・ウェストは上位を占めていた（1933：1917）．

　しかし，メイ・ウェストの関連記事には，明らかに当時の女性読者を惹きつける別の要素も付与されていた．それらは特に「御夫術」や「御男術」といった類の文章に見ることができる．その名が表す通り，「御夫術」や「御男術」とは男性を「制御」する術を指し，具体的には飴と鞭などのテクニックを活用し，男性を屈服させる手法である．

　たとえば，「メイ・ウェストの御夫〔梅蕙糸底御夫〕」と題する記事では，一人称で彼女の経験が語られており，「夫を凌駕することは罪ではないよ」，「刻々と彼を攻撃しなければならない」ことが説かれている（1934：2022-2023）．この目標を達成するために提唱されるのは，しばしば女性の性的魅力の発揮である．「セクシーさに満ちたスター女優 メイ・ウェストの御男術〔一位富於性感的女星 梅恵斯脱之御男術〕」では，ウェストが男性と交際するときの「10の定則」が列挙され，そのなかには「自分のセクシーさで人の目を射る」，「貞節の偽装をせず」といった，女性の情欲を積極的に勧める文が綴られている（1933：2447）．また記事の最後に，編者はそれらを「男性を手のなかで弄ぶ」方法であるとまとめ，中国女性には「必要でないと思われる」と述べているが（1933：2448），長々と文章を掲載すること自体，逆説的にそうした必要性を暗示し，再生産することにつながっているのである．

　事実，ハリウッド女優による異性の「征服」，「制御」を表す文面は頻繁に現れているだけでなく（1934：2091-2093；1935：2150-2152），女性読者による「御夫術」と題する投稿（慧珍 1931：114-115；病梅女士 1935：3257-3259）や，「あなたの旦那に如何に対処すべきか〔怎様対付你的丈夫〕」（1934：841），「妻必読 夫に対処する裏技〔做妻子的不可不読 対付丈夫妙法〕」（1936：3330）といった，夫婦関係における女性側の「操縦」を主張する記事が多く見られる．また，『如何に男子に対処すべきか〔如何対付男子〕』という叢書本も組まれた．

　こうした言説群は，女性の性的魅力の発散を勧める点で，彼女たちを男性の性的対象物へと駆り立てる恐れもある．しかし，より重要なのは，これらの記事で主張しているのは，決して女性が受動的に性役割を引き受けることではなく，むしろ男性の欲望を汲み取った上で自らに有利な戦略を取ることである．「征服」「制御」がくりかえし強調されるように，女性の欲望が優先され，主導

権が認められている．つまり，女性中心意識が前面化しているのである．

　このような女性中心意識について，五四時代の性科学の通俗化という角度から捉えた論考がある．章霈琳（2015）は，『玲瓏』の編集者である彭兆良がかつてヘンリー・エリスを翻訳し性科学の普及に携わったことに着目し，「御夫術」という類の文章はそうした経験に由来していると論じた．

　エリスはイギリスの性科学者で，民国期の中国知識人たちに大いに歓迎された人物である．たとえば，魯迅の弟，周作人は，エリスの理論の翻訳活動を行うことで知られていた．しかし，周作人をはじめ多くの知識人がエリスの学説を産児制限と優生学の文脈において積極的に取り入れたのに対し，彭兆良は生殖から解放された夫婦間のセクシュアリティにより関心を持った．

　彼は三和社に転職する前に，その当時「性学博士」と呼ばれた北京大学教授の張競生とともに「美的書店」を経営し，同書店が出版する性教育雑誌『新文化』（1927，新亜公司）の主幹を務めていた[13]．張氏の「新女性中心論」や「愛人制」など，情欲を介した男女間の新しい関係性を模索する論から大きな影響を受けていたのである[14]．

　女性の主導権や性的生活での楽しさに関する主張は，まさに母性主義を相対化し，世間のエロティシズムのジェンダー的反転と見ることができる．しかし，このオルタナティブな可能性を支えているのは編集者個人の思想的偏向，とりわけ五四時代から受け継がれた啓蒙論のみではない．彭兆良が編集を務め始めたのは1935年のことだったが，それ以前からすでに同類の文章が掲載されていた．「御夫術」や「御男術」には別のルーツがあったのである．

　いままでの研究では，1930年代前後のハリウッド自体が女性の性解放を擁護する場であったことはほとんど看過されてきた．アメリカにおいて，婦人選挙権運動以降，大衆文化を代表するハリウッド文化のなかにフェミニスト的なイデオロギーが醸成されたことはよく指摘されてきた（Haskell 1973；Finn 2012；Banner 2016）．ハリウッドを舞台に，性に開放的な女性が多々登場し，少なくとも1930年代初期頃においては，女優たちは道徳的束縛からかなりの自由を許容されたのである（Haskell 1973）．

　前述の「セクシー・シンボル」であるメイ・ウェストがその典型例である．ウェストは，爆発的なヒットで所属先のパラマウント社を破産寸前から救った

108

図 4-11　ジーン・ハーロウの全面写真（1935：
513）

人気スターであった．彼女は，男性を上手に振り回す女性を幾多も演じただけでなく，脚本の創作など執筆活動にも携わっており，性的規範をめぐる男女間のダブルスタンダードを罵倒し，女性の性的自由を強く主張していた．戦後にも続くその活動は，1960，70年代に起きた性解放の潮流を先取りする試みだったといえる．また，近頃，ハリウッド発の「セレブリティフェミニスト」（Rivers 2017）の源流もおそらく彼女に遡ることができる．映画史研究者である Michelle Finn（2012）はウェストのフェミニスト的な立場について，次のようにまとめている．

　　メイ・ウェストは女性に課された中産階級的な行為規範を拒否したモダン女性である．彼女は結婚と子どもよりキャリアを，自己犠牲より自己実現を，純潔と慎みより性的放縦を追求した．彼女は，女性がいかなる婚姻状態にあっても性的満足を得る権利があると主張し，ウィクトリア時代の二重規範——女性に批判的である一方，男性の性的享受を許容する社会通念——に挑んだ．ウェストはまた，男性との関係において優位に立つよう，女性たちに対し自らのセクシュアリティをコントロールすることを鼓舞していた（Finn 2012：30）．

　このように見ると，「御夫術」や「御男術」の主張は同時代のハリウッドに実際に存在した潮流であることがわかる．『玲瓏』のなかの関連記事はエリスや張競生の思想以上に，ハリウッドから直接に受けた影響のほうが大きかったと考えられよう．ウェスト以外にも，ジーン・ハーロウ（図4-11）がヒロインとして出演した「Hold your man」が「御夫経」に訳されて上海に輸入され，「ジーン・ハーロウの御夫術」が『玲瓏』で連載されたこともその可能性を示す（1934：2091-2093；1934：2150-2152）．

「御夫経」とは「御夫の経験」を意味する訳名である．ちなみに，この映画
の日本語訳名は「春の火遊び」であり，原作名が暗示する男女間の権力闘争の
意味合いをぼやかしている．

つまり，前節で取り上げた官能的で「危険」に見えるハリウッド女優のイメ
ージは，当時中国の女性たちにとって，エロティシズム以上にある種の解放感
につながっていたとも考えられる．「御夫術」や「御男術」に代表される女性
の性解放に関する記述は，かなり反骨的な一面を持っていた．これらの「術」
は，日常生活のなかでますます家父長的な権力から多くの規制を受けるように
なっていく中国の女性読者にとって，男性との関係を操作し，主体性を得るた
めの「戦術」にほかならなかった．

こうしたハリウッドのフェミニスト的な側面を象徴的に先取りしたものとし
て，創刊の1931年に掲載された「女性の権威〔女性的権威〕」という記事は興
味深い．そこでは，「ハリウッドにおいて，女性の権威はいつでも高々に男性
を圧倒している」とし，「ハリウッドは女性の『独立国』であり，女性の権威
が何よりも高い．仮に男性がそこに足を踏み入れようとすると，国境から追い
出される恐れがある」と，ハリウッドの隠喩的な位置付けを記しているのであ
る（1931：394）．

3．抵抗としての「西洋」

「女性の独立国」に象徴されるように，「ハリウッド」はフェミニスト的な価
値を付与されることもあった．とりわけ，性を含めた女性自らの主体性を自由
に発揮する志向性が強く表されている．

では，このような志向性は当時の中国社会で何を意味していたのだろうか．
前述のように，1920年代末に国民党南京政権が確立すると，急進的な婦人解放
運動が鎮静化する一方，女性に課されていた規制が1930年代半ば頃の新生活運
動において頂点に達した．新生活運動総会・婦女指導委員会の長を務めていた
宋美齢[15]がこの時期に「国民の犠牲精神と女界の責任〔国民犠牲精神与女界責
任〕」を説いたように（宋美齢女士 1935：1920-1923），「国のための犠牲」を強調
し，個人主義的な風潮を抑圧するというのが体制側のイデオロギーであった．

服装の露出度から，日頃の男女関係までが「禁令」「条例」によって制限されるなど，いわば女性の「貞操管理」が極端に進んだ時代において，性を含む自らの主体性を求める志向はまさに反動的であった．

　抑圧的なジェンダー規範が強化された時代では，ハリウッドのスター女優像にあふれている快活さは，中国社会における女性の閉塞感を逆照射するものだったといえる．『玲瓏』においては，とくに新生活運動が開始した1934年以降，「苦痛〔痛苦〕」「煩悶」「苦悶」といった言葉が頻繁に現れてきた．雑誌を宣伝する広告には「婦人の苦痛と煩悶を解決する」（1934：1339），「本誌は苦悶の中でもがく姉妹たちを繋げたい」（1934：1645）といったキャッチフレーズが綴られるようになった．さらに1935年4月3日号に「苦痛の傷跡〔痛苦的斑痕〕」という投稿欄が新たに設けられたのである．

　こうした状況下，『玲瓏』では，ちょうど公式イデオロギーにおいて「禁忌」とされた女性像を，西洋人モダンガールのイメージ構築において召還する構図が見て取れる．女性の視点に立った解読を通して明らかになったように，そこにおいて「西洋」は反面教師という役割を果たすよりも，性解放の理想を託される側面が際立っていた．

　殊に，このような開放的な風潮は，ハリウッドにとどまらず，アメリカの全体的なイメージと呼応することもあった．「アメリカの接吻試合〔美国之接吻比賽〕」（1934：86），「アメリカの妻権復興運動〔美国之妻権復興運動〕」（1934：533），「アメリカ裸体運動の勃興〔美国裸体運動勃興〕」（1934：909）というように，アメリカはしばしば性に自由な国として表象されていた．

　しかし，果たしてアメリカは性の自由を謳歌する国だったのだろうか．事実，1934年にハリウッドにおける検閲制度の成立に伴い，性表現への規制は一段と厳しくなった．同じく三和社傘下の映画雑誌『電声』では，「ハリウッドの新作ヌード映画 検閲という難関」（1934年1号11頁），「アメリカの映画検閲会 台詞を検閲」（1934年10号191頁），「ハリウッド映画と教会の和解」（1934年38号750頁），「ハリウッドに新設された映画検閲会」（1936年4号112頁）といった具合に，当時の映画検閲，特に性的に逸脱した表現をめぐる議論が詳しく報じられている．

　一方，『玲瓏』では，性解放に対するアメリカ社会での反対の声はほとんど取り上げられていない．もっとも，「セクシー・シンボル」であるメイ・ウェ

ストは，1920年代後半からその大胆なパフォーマンスにより宗教界，教育界の激しい批判に遭い，複数回の投獄を経験した．彼女の執拗な主張が，ハリウッドの自主検閲機構であるヘーズ・オフィス（MPPDA）の規制強化を促し，ハリウッドにおける性解放の黄金時代の終焉をもたらしたと言われるほどである（Ruegamer 1998；Wheeler 2004）．しかし，このようなウェストの伝説的な経験は中国の女性読者に届くことはなかった．あたかもハリウッドが自由な国としての「アメリカ」そのものを代表しているかのように，本場におけるウェストの反体制的な側面がすっかり捨象されたのである．

　以上で見てきたように，モダンガールの「外国趣味」，とりわけハリウッドへの強い関心を，単純に「享楽心」に由来するものとして捉えてしまうと，その表象戦略に含まれる政治的な意図を捉え損ねかねない．ハリウッドのスター女優像の多様な展開が示すのは，中国国内のジェンダー状況に照らし合わせながら，「西洋」を選択的に輸入し，想像・創造する営みである．なかでも，性解放の潮流の再文脈化は，「自由」な国としての「アメリカ」のイメージを確立させ，女性のセクシュアリティ管理が厳格化していく中国社会の状況を逆照射する点において，抵抗としての「西洋」の可能性を示している．

4．「姉妹探し」のオクシデンタリズム

　ここまで，「ハリウッド」を通して，上海における女性向けメディアの「西洋」に向かう視線の一断面を分析してきた．

　『玲瓏』において，身体技法の面でスター女優の外見への憧れや同一化の願望が生み出される一方，それとあえて差異化し，距離を置く動きも見られた．つまり，「西洋」に対する憧憬と否定の感情が同時に存在していた．このアンビバレントな感情は，「啓蒙と救国の二重変奏」（李 1987：7）と言われる中国の近代化過程にも合致する2つの方向性だったと考えられる．

　ただし，対峙するために持ち出された「中国女性」は，中国色を強く帯びているのではなく，むしろ西洋近代の要素を強調する傾向にあったことが分析から明らかになった．建国記念特集号の表紙を飾っている中国人モダンガールのイメージからは，ナショナル・アイデンティティの構築において，「西洋」が

しばしば絶対的な「他者」として大変に重要な意味を持っていたことが窺える.

　一方，ナショナルな中国人女性に対置されるハリウッドのセクシースター女優のイメージは，その挑発的なセクシュアリティゆえに，近代化過程から排除されるべき「危険」な側面を持ったが，生殖中心の家庭規範に対して異議申し立てをし，性的な面における女性の主体性を鼓舞する役割も果たしうることは否定できない．いわば，抵抗としての「西洋」イメージが確立・強化されたと考えられる．特に，現実のハリウッドにおける検閲強化を隠蔽し，性に解放的で自由な「アメリカ」という均質化した文化想像体の創出から，編集側の意図的な再文脈化の目論みが読み取れる.

　事実，中国が近代化の道を歩み始めて以来，「西洋」は「解放」の潜在的な力をもつ思想的リソースとして借用されてきた．その傾向を示す一例として，「反封建」「反伝統」を目標に掲げた五四新文化運動期において，「全盤西化」というスローガンが打ち出されたことを挙げることができよう.

　特にジェンダーの視点から言えば，西洋的な要素は儒教的な家父長制規範を打ち破り，急進的な主張を正当化するのに有効であった．中国のオクシデンタリズムのあり方を考察した陳小眉（Xiaomei Chen）は，五四期の演劇作品のなかの西洋イメージに，当時の政治的状況では表現しがたい思想が託されていたと論じている．女性を題材とするそれらの作品において，西洋的な要素は中国の儒教的な家父長制イデオロギーに抵抗する「強固な武器」になっていたのである.

> 当時の男性劇作家たちは，女性解放やジェンダー平等といったテーマを取り上げることを政治・イデオロギー上の重要な戦略とし，反伝統・反正典という彼らの反儒教的なプロジェクトの一環とした．そうした奇妙な「男性主導のフェミニスト的」な言説において，彼らは西洋的なイメージに，支配的地位にあった儒教的イデオロギーに対抗しうる「強固な武器」としての側面を見出したのである．（Chen 1995：137）

　Chen が「反体制的なオクシデンタリズム」（anti-official Occidentalism）と呼んだこうした「西洋」の戦略的利用は，ここまで論じてきた『玲瓏』のハリウッド受容にも合致するだろう[17]．ただし，五四期に比べ，主張の内実に変化が生じた．Chen自身も自覚しているように，五四時代に男性知識人によって主導されたオクシ

デンタリズムは，中国の儒教的な家父長制への抵抗は表明できたものの，近代的家族の抑圧性を回避することはできなかった．こうした結果的に「西洋という父」(Chen 1995：137) を頼りにする抵抗のあり方は，西洋の近代家族規範と共謀し，女性側に新たな困惑と束縛をもたらしてしまった．一方，それら男性知識人はかえって「西洋という父」を頼りに，その代弁者たる地位を獲得したのである．

　これに対し，前述のハリウッドの女優は，積極的に男性に誘いかけ，自らのセクシュアリティを男女関係における権力の逆転のために利用するというふうにイメージされている．それはしばしば不特定多数の異性との関係性を伴っており，近代家族イデオロギーを相対化することになる．また，たとえ家庭内関係に限定しても，「御夫術」が唱えるのは，優位に立つ妻のイメージであり，生殖中心の夫婦間の婚姻生活からの脱皮につらなる．

　要するに，女性解放がまだ男性主導で進められていた時代，オクシデンタリズムのあり方が「父探し」の形を取ったのだとすれば，1930年代には「姉妹探し」とも呼びうる，女性自身による性的主体性の追求が「西洋」という他者を介して浮上してきた．メイ・ウェストの例が象徴するように，アメリカ本土での非規範的な側面を捨象したハリウッドのスター女優は，中国の女性向けメディア文化において，性解放というフェミニズムの文脈に安住する特権を与えられることもあったのである．

　この意味において，2-1項と2-2項で捉えてきたイメージに関して新たな解釈の可能性が開かれる．服装，美容といったハリウッドの流行に対する関心は，単に消費の論理に回収されず，魅力を高め，性的自由を獲得する願望とつながっているだろう．また，ナショナルな女性像から排除される「危険」なイメージは，視点を変えれば，解放の力を持つものとして女性に歓迎されることもあったと考えられる．

　さらに，フェミニズムの文脈におけるハリウッド女優の隠喩的な位置付けは，なにも性解放に限ったものではない．アメリカでは，華やかな外見を結婚に基づく女性の階層上昇と直結させるようなスター女優の物語が広がっていたのに対し (Berry 2000)，『玲瓏』では，そうした物語はまったく類型化されず，むしろハリウッド女優らの生い立ちを議論の素材として扱うことのほうがより多く見られる．特に彼女たちを職業婦人として扱い，その奮闘と経済的自立を評価

している記事が散見される.

　たとえば, 伝説的スターであったグレタ・ガルボについて, かつて「従事していた職業は散髪屋のネール技師で, 1日に10時間も働かなければならなかった」が, それでも「夜に演劇を研究し続け」, その志が彼女を成功に導いたとされた (1932：812). また, ジョーン・クロフォードの場合は, 皿洗いやテーブル拭きといったアルバイトの傍ら教会学校に通っていたことが述べられている (1934：1704). 彼女たちは概して「長い間の奮闘を経てはじめて大スターの地位を獲得した」(1932：812) とされ, いわば自己実現のために努力する意識の高い有能な女性として表象されているのである.

　ハリウッドの女優が輝かしい職業婦人としての側面を持っていたことを考えると, そのイメージはまた, 女性の性的魅力と仕事の成功とが矛盾なく両立できることを裏付けているといえよう[18]. 雑誌では, 国内外を問わず, スター女優の巨額の収入やその増減が繰り返し報道されていた (1931：693；1931：971-972；1932：1929；1932：2031). このような女性の経済資本に対する肯定的な姿勢は, 「結婚」を介さない女性の階層上昇の道を示すものであり, 同時に経済面における女性の職業達成を鼓舞したに違いない.

　このように, 「西洋」に対する「父探し」の衝動にかわり, 「姉妹探し」の熱望を投射する傾向が『玲瓏』のなかに存在していた. なお, 忘れてはならないのは, こうしたトランスナショナル・フェミニズムの性格も併せ持つオクシデンタリズムは, ある程度「西洋」の優位性を容認した上で成り立ったのだということである.

　ここまで見てきたように, 中国のナショナル・アイデンティティや中国女性の主体性の模索に際し, 大抵の場合, 「西洋」はポジティブな働きを持ち得た. それは, 半植民地という状況にあって, 明確な「敵＝抵抗すべき側」が存在していなかったことと関わっている. しかし, 裏返せば, 抵抗のための「中国の固有性」を模索する原動力もそのわりに少なかった (Shih 2001). そのため, 西洋女性に対置すべく登場させたナショナルな女性像は必ずしも伝統的な女性像とは限らなかったわけである.

　一方, 時を同じくして, 「西洋」に比べ, 「日本」は明確に「敵」としての姿を現しつつあった. 日本人モダンガールの表象が, ハリウッド・ガール以上に

戦局と絡み合っていたことは想像に難くない．次に，その表象の生成メカニズムを具体的に分析し，「中国／西洋」にとどまらず，「中国―日本―西洋」という三項関係の構築に関わるジェンダーの主張を明らかにしていく．

注 ────────────────────────────────

1　戦前期におけるハリウッドの海外市場拡張については，Richard Maltby（2003），Kristin Thompson eds.（2003）を参照されたい．

2　近代の世界映画市場のなかで日本は比較的に特別な存在である．活動弁士を起用する上映形態が長らく存在していたため，日本は主要な映画生産国のなかで最も遅れてトーキー映画の製作に踏み切った国と言われる（Thompson eds. 2003）．また，自己特権化意識の高まりは，西洋文化に対する強い警戒心をももたらした．これらの要因が日本における洋画輸入数の相対的な低調につながったと考えられる．

3　蕭知緯・尹鴻（2005），葉宇（2008）を参照されたい．民国期の映画産業に関する資料が限られているため，正確な統計は残されていないが，これらの研究は公文書や年鑑，そして新聞・雑誌に掲載されている記録を用いて，多角的視点からハリウッド映画の輸入数を推計した．

4　1932年5月1日に創刊され，当初は『電声日報』という日刊小雑誌の形を取っていたが，1934年1月12日号から16開サイズの週刊誌に変わった．発行部数は1‐2万部程度であり，当時の上海出版界においては商業的に成功した雑誌だったといえる（皇甫2007）．1941年に太平洋戦争の勃発により，廃刊した．廃刊直前の1939-1940年には，同誌を先立って停刊となった『玲瓏』と合併する動きも見られた．両誌は映画という共通項において強いつながりを有していたのである．

5　『玲瓏』と『良友』画報の誌面性格を比較分析し，前者における映画情報の西洋偏向性を指摘した研究として，張麗莎（2012）を参照されたい．

6　これまで，1930年代上海の都市文化に占めていたハリウッドの位置の大きさを認識しつつ，検閲制度や米中間の映画産業の競合に重点を置いた通史的研究は多く蓄積されてきた（程編 1963；李 2005；饒 2009）．

7　戦後日本の女性雑誌のなかの女性像を分析した Emiko Ochiai（1997），落合恵美子（2022）の研究も大いに参考になった．

8　1934年以降，特別に建国記念特集が組まれることはなかった．また，1931年の建国記念特集には三和社の創立者である林澤蒼の妻が登場したが，人物の特殊性から本章では取り上げなかった．

9　西洋に対峙する力を中国の伝統文化のうちに見出す動きは，一般に北京を中心とする文学流派である「京派」により多く見られるものであるとされている．ただし，それも京派の知識人の内発的な傾向ではなく，西洋側の近代化への自己批判を敷衍した形で行われていた（Shih 2001）．代表的な人物として梁啓超（1873-1929）が挙げられる．彼は第一次世界大戦後，「西洋文明を悲観的に見た西洋知識人たちに鼓舞され，東洋文化の役割を強調した」（白 2006：68）のであった．民国期中国の近代化路線や自己認識に

「西洋」は深く伏在していたといえよう.

10　編集側の表記から, *The Film Daily*（1931：220）, *Silver Screen*（1933：139）, *Motion Picture*（1932：461）などのアメリカ雑誌が転載元だったことがわかる. また, 映画関連の欄では, 「訳述を歓迎している」（1932：1840）という呼びかけも見られる.

11　ほかにも, 「男性スターの偽り」（1931：1500）や, 男性スターの「醜悪な手口」（1932：1840）など, まさに「男子に対し攻撃しよう」という『玲瓏』の編集方針にも通じるようなハリウッド記事が見られた.

12　メイ・ウェスト自身も自伝のなかで, かつて演じていた女性役を「Sex Goddess」という言葉でまとめている（West 1959）.

13　『新文化』は1927年1月に創刊された. 性科学理論に関する文章が多く掲載されており, 同時代のほかの雑誌に比べ, 突出して性に対して開放的であった. これが原因となり, わずか6号を出版した後に当局によって発禁処分となった.

14　張競生の「新女性中心論」や「愛人制」については, 彭小妍（1995）, 彭小妍（2018）, 楊力（2019）を参照されたい. 張の性に関する主張は, 逸脱的に見えるが, 結局国民国家の枠組みを超えていないということが, それら先行研究に共通して見られる論点である. また, 張と日本の地下出版界のつながりについては大尾侑子（2022）を参照のこと.

15　宋美齢（1897-2003）は中華民国の指導者蒋介石の妻であり, 婦女協会新生活運動理事長として新生活運動を直接リードした人物である. また, 国民政府立法委員をはじめ国民党南京政府の要職も歴任した. 南京政府期の婦人運動は, 男性政治家の夫人, いわば「官夫人」によって展開されていたのが特徴的であったとされる（柯 2018）. 彼女たちは夫の政治的資源を利用することで, 婦人運動において特権的な存在として待遇されることが多かった. 柯恵玲（2018）は, こうした「内助の功」は実は「賢妻良母」のバージョンアップしたものであり, 家父長的な政治体制に一役買ったと指摘している.

16　女性の貞操管理が極端に走る状況を報じるものとして, 前章で挙げた妓女に対する差別のほか, 女性の裸足, 男女の「同行・同食・同住」を取り締まる禁令（1934：1964；1934：1213）などに関する記事があった. それらに対し, 編集側は率直に「最近の禁令は実に不思議だ」（1934：1709）と評し, 女性読者による反論を多々掲載した（妮 1934：1651-1653；柳眉 1934：2037-2038）.

17　Chen（1995）はサイードのオリエンタリズム論および文化帝国主義論に引きずられたステレオタイプな認識——いわゆる「高級」文化の「低級」文化に対する領有が帝国主義的な侵略行為に等しく, 逆に「低級」文化による「高級」文化の領有は自己植民地化にほかならないという見方——を批判する（Chen 1995：9）. 彼女はそうした安易な一般化を否定し, 具体的な歴史的, 社会的状況の中で文化現象を捉えようと主張する. 中国側が「西洋」を積極的に表象することは「中国式の無邪気や無知でもなければ, 帝国主義の顕現でもなく, 一種の強力な対抗言説になりうる」（Chen 1995：28）というのである. 「反体制的なオクシデンタリズム」はこうした対抗言説のことを指している. それは一般的に, 他者を肯定的に描くことにより, 既存の国内イデオロギーに対抗する役割を果たす. それに対し脅威としての西洋イメージを利用することで国内政権を正当化するための戦略は「体制的なオクシデンタリズム」（official Occidentalism）として提示されている.

18　当時, 都市型職業に就いている女性に対する非難はとりわけ彼女たちの外見に集中していた. それに関する分析は岩間（2011）, 連玲玲（2011）を参照されたい.

第 5 章

日本への視線：「賢妻良母の国」を超えて

1．「日本」への関心の両義性

　中国の近代的なジェンダー秩序の形成過程において「日本」の影響は小さいものでは決してなかった．清末期における日本からの良妻賢母思想の伝来は，近代中国の女子教育の雛形を立ち上げるほどの大事件であり（陳 2006；何 2018），また五四新文化運動期に西洋発のフェミニズム論が，与謝野晶子や平塚らいてうなど日本でも有数の婦人運動リーダーたちの論を介して輸入され，中国知識人の間で大反響を呼んでいた（西槇 1993；白水 1995；張 1995）．

　これら文化翻訳の実践が日本経由で行われたこと自体，「日本」の優位性が見て取れよう．特に西洋思想をアジア化する事業において，「日本」の果たしていた役割は大きい．たとえば西槇偉は，近代中国における恋愛論に日本経由で受容したものが多い理由について，「日中両国の西洋文化受容の際の文化基盤に儒教という共通要素があったため，一歩先に西洋文化に接した日本の理論が中国で起きた問題に対してもすぐに役立った」（西槇 1993：85）と指摘している．また，張競も，日本の現実を論じる与謝野晶子などは「意外にも近代初期における中国文化の体調に合い，かつその病状に利く薬を調合したことになった．西洋からの『直輸入』の劇薬より，はるかに効果的である」（張 1995：164）と，日本による「文化的加工」の上手さと中国への適合性を強調している．

　つまり，女らしさの構築に重要な影響を与えた西洋フェミニズム論の輸入において，「日本」はしばしば進歩的な「仲介役」を担っていた[1]．そして，「日本」を媒介とすることの有効性は，日中両国の文化的近似性に求められてきた．近代日本のナショナル・アイデンティティは「西洋」と「アジア」の双方を配慮した「二重性」のなかで形成され，特に「アジア」に対しては「内にして

超」という自己陶酔的な意識が作動していたと言われている（小森 2001；子安2003）．こうした意識とちょうど呼応しているかのように，「中国」においては，同じく「アジア」に属する「日本」との近接性・共通性を強調しつつ，その「準西洋」としての優位性を認める表象のあり方が見られるのである．

　一方，女性連帯の視点から異なる見解を示す研究もある．須藤瑞代は『婦女雑誌』のなかの日本女性像を分析し，1920年代から1930年代初頭にかけて，日中女性の共通性が強調されていたと論じている．彼女によれば，西洋由来のフェミニズム思想を基準に「日本女性」と「中国女性」がイメージされる際，両者はともに「被抑圧者」としての側面が強く，そこから「同じ女」という連帯意識が生まれたという．そして「ともに東アジアにあり，ともに儒教的観念に基づいた家父長制の抑圧に苦しんでいるという点に共通項を求めるのではなく，西洋の女性たちが直面している問題そのものを導入し，それに対して立ち向かう同志として日本女性が再構成されていた」（須藤 2005：326）というメカニズムの所在を指摘した．

　「同志としての日本女性」が表象されるに至ったのは，「西洋」という強力な参照点が存在すること，また日中間の政治的関係が不問に付されることを前提としている．もちろんこのような「日本女性」の構築には西洋中心主義に陥る危険性も伴う．しかし，「同じ女」という日中の女性同士の連帯から，ナショナリズムからかけ離れた「日本」と「中国」の新しい関係性が見出せる点においては示唆的である．そこには国際的な女性連帯を支点に「国家」の枠組みを覆そうとする境界侵犯的な表象戦略が確認できる．

　いずれにせよ，「日本」は「中国」と「西洋」との距離の取り方によって，「仲介役」か「同士」といった位置づけを与えられていた．そして，それらはしばしば現実の日中間の国際的政治的関係からかけ離れているところで成立していた．前章でも言及した「啓蒙と救国の二重変奏」論（李 1987：7）を借りれば，「啓蒙」が「救国」を凌駕する思想状況を背景にしていたのである．

　しかし，1930年代において，日中間の衝突が拡大していった．特に上海は，1932年に第一次上海事変，1937年に第二次上海事変というふうに，日中交戦によって実際に戦場にもなった．こうした状況下，『玲瓏』のなかの日本人モダンガールはどのように表象されているのだろうか．

　まず，前章で見てきた西洋に関連する記事と大きく異なるのは，満州事変や上海事変といった日本が起こした対中戦争への反応として，反日情緒溢れる文面が頻出した点である．1930年代初頭から，満州事変をはじめとする一連の軍事衝突の影響を受けて，中国において抗日を訴える世論が沸騰した（石川 2010）．『玲瓏』も例外ではなかった．

　とりわけ満州事変の直後に抗日救国にまつわる言説が噴出した．誌面において，「日本対華侵略年表」（1931：1358-1359），「国難を鳥瞰する〔国難鳥瞰〕」（1931：1132），「中国は日本に勝てないのか〔中国不能戦勝日本嗎〕」（雪娟女士 1931：1509）といった具合に，日本の膨張政策や日中間の国勢，軍事力をまとめて紹介する文章が掲載されるようになった．一例を挙げると，満州事変が勃発して約一ヵ月後の10月10日に刊行された「国慶記念特別号」は，建国を祝うはずの記念号であるにもかかわらず，「国難」を強く意識し，巻頭の文章で編集長の陳珍玲は女性読者たちに次のように呼びかけている．

　　　姉妹たちのほとんどはすべての関心を服飾，交際，娯楽，あるいは家政に向けており，平素から国事には関心を持ってこなかった．……日本の侵略について，多くの姉妹たちはその存在だけは知っているがその経緯を知らない．……（本文は──筆者注）短い記述ではあるが，姉妹たちを酔生夢死から呼び起こし，共に存亡の危機を乗り切ろう．（陳珍玲 1931：1099-1100）

　遠方で起きた戦事に目を向けるように呼びかけるだけでなく，日貨排斥運動のような身近な生活における自粛行動を唱導する記事もあった．たとえば，図5-1が示すように，世間の抗議活動と呼応する形で，日貨排斥を唱える手短なスローガンが誌面に並んだ．

　満洲事変や上海事変に伴う激しい日貨排斥運動には学生が多く参加しており，『玲瓏』の読者である一部の女学生も動員に加わって関連する投稿を寄せている．たとえば，培成女校の金玉芙による「同胞たちよ，早く団結して日本と経済絶交しよう」（金玉芙 1931：1703）との呼びかけや，中西女塾の卒業生だった秦庭娜と珍妮が共述した「婦女救国に関する私見〔女界救国的我見〕」にある「目下，唯一の方法は永遠に日本と経済絶交をし，日貨排斥に徹することだ」（秦庭娜・珍妮 1931：1163）といったような主張がその典型例である．

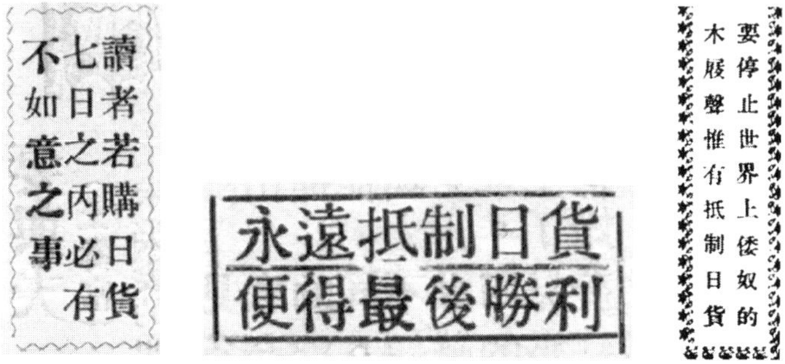

120

図5-1　日貨排斥のかけ声がしばしば記事に挿入されている．上の3例は左から順
に「日貨を買う読者は7日間以内に必ず不幸が訪れる」(1931：1346)，「永遠に日貨
に抵抗すれば最後に勝利が得られる」(1931：1373)，「世界中の倭奴の下駄の音を止
めようとするには日貨を排斥するしかない」(1932：1860) とある.

　しかし一方で，これらの言説と並んで，時局にそぐわないような日本人スターの写真が堂々と掲載されている．満州事変直後の1931年9月23日号では，久米雅子と浜口富士子の全面写真が掲載された（図5-2，図5-3）．いずれも当時の中国人読者にとって「敵国の女性」にあたるが，ここで強調されているのはそのハイカラでモダンな姿であり，流行りのハリウッド女優とも似通っている身体イメージである．ほかにも，「断髪・洋装・洋風化粧」（中山 1987：392）という同時代の日本モダンガールの典型とされる要素を備えている日本人女優の表紙写真があった（図5-4，図5-5）.

　つまり，一方ではナショナリズムが高揚し，他方では日本のモダン文化の受容は絶えることがなかった．『玲瓏』の刊行期間――満州事変が起きた1931年から日中全面戦争勃発の1937年まで――を通じて，このような2つの方向の記事が混在していた.

　では，これら一見相反する表象をどのような歴史的・社会的文脈において理解すればよいのだろうか．『玲瓏』における「日本」に言及した記事を政治，歴史，時評，都市生活という4種類に大別し，年ごとに集計すると，表5-1のようになる.

　ここで「政治」とは主に，上述したような反日言説や，国際情勢を主題とする記事のことである．それに対し「時評」には，日本国内の社会事件を報じる記事が含まれている．「歴史」という項目は日本の昔の伝統や村の風俗を紹介

図 5 - 2　（左）松竹楽劇部の一期生であった久米雅子の「近影」（1931：1046）
図 5 - 3　（右）「銀幕のニュースター」とされる浜口富士子（1931：1055）

図 5 - 4　（左）1936年11月11日号の裏表紙，映画女優である高峰三枝子
（1936：3480）.
図 5 - 5　（右）1936年 4 月 8 日号の裏表紙，「日本の映画女王である入
江たか子」（1936：1000）.

　する記事を数えた．最後の「都市生活」は，女優を含め，都市で暮らす女性た
ちの多様なライフスタイルに重点を置く記事がメインである．各項目の間には
多少の重なりがあるが，年ごとの件数や割合の推移からは，日本への関心の変
化を窺い知ることができると考えられる．
　先の論を踏まえれば，特に注目すべきなのは，「政治」と「都市生活」とい
う一見相容れない記事群が併存することであろう．「政治」という項目を見て
みると，1930年代初頭に多かったのは，前述のとおり，戦争によってナショナ

表5‑1 「日本」に関する記事の構成

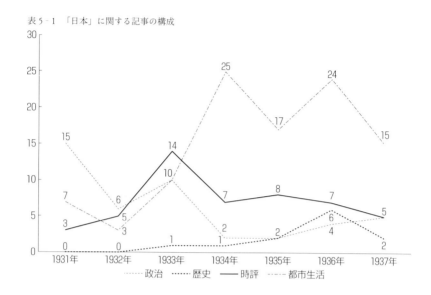

リズムの機運が高まったためだと考えられる．ただ，この類の記事は1934年になると10件から2件に激減し，かわりに「都市生活」が目立つようになった．1933年に10件しかなかった日本の「都市生活」に関する記事が1934年に25件に倍増し，4種類の記事のなかで最も多い項目となった．

　日中関係が緊張するなかで，日本の都市生活が掲載されているのは，両国間の人的交流の増加と関連している．1930年代半ば頃に留日手続きの緩和により，渡日する若き男女の数が急増し，第3次日本留学ブームが巻き起こった．その当時，欧米留学より日本留学のほうが手続きの制限が弱く，経済的負担も小さかった．加えて，中国国内で深刻化する失業情勢や政治的弾圧を回避するという理由も，日本留学に拍車をかけたのである（周 2007；周 2020）．

　先に挙げたビジュアル・イメージのなかに，日本に滞在していた中国人留学生が寄せたものもあった．たとえば，図5‑2と図5‑3には，「楊蔚蓀東京から差出〔楊蔚蓀自東京寄〕」という注記が記載されている．楊蔚蓀は広州出身の留学生であり，投稿した当時，東京帝国大学医学部に在学し，日本の医学書『局所麻酔』の翻訳・出版にも携わっていたエリート女性である（孫 2021；見城 2021）．周一川（2007）によれば，1931年という時点で，日本の帝国大学に在籍

していた中国人女子留学生はわずか 3 名であった[5]．このように，日本において
も教養の頂点に立った中国人女子留学生が日本人スター女優の写真を中国国内
の女性誌に寄稿するというモダン文化越境の経路が存在したのである[6]．ほかに
も宝塚少女歌劇（1936：1079），レビューショー（1933：904），海水浴（1936：2228
-2230）など，日本の都市文化を活写する文章や写真が散見される．

　このようなほかのカテゴリーよりはるかにソフトなテーマは，日中関係の
「民際化」の文脈において理解される．山室信一は，第一次世界大戦後の世界
が「『ヨーロッパ中心の世界』から『世界各地が中心になりうる世界』へと移
り変わっていく」と述べ，生活文化の次元における日中間のモダニズムの越境
は，「国家間関係の国際化とは異なる，個人の日常生活が国境というボーダー
を超えてつながる人々の民際化」の過程を伴っていたと主張している（山室
2021：70）．

　ここでの「民際化」は民間的日常的なトランスナショナルな交流を指してお
り，しかも国際政治と距離を取ることが想定されている．上記の「都市文化」
に関する記事群も，こうした民際化の過程を反映していると言えよう．

　要するに，「日本」への関心にはナショナリズムに基づく「国際化」の側面
もあれば，日本の都市生活やモダン文化に目を向ける「民際化」の側面もあっ
た．そこで「日本」に対する嫌悪感と親近感という両義的な思いが醸成された
のが見て取れる．

2．「賢妻良母」の再文脈化

2-1．「世界」における「日本女性」

　ところが，「都市生活」という類の記事に「民際化」の側面を見出せるとは
いえ，それらは完全に国際政治から切り離されていたわけではない．特に日本
女性の日常的な生活ぶりに目を配りつつも，彼女たちの置かれた状況を近代化
の度合いや国際的地位を測る尺度とする傾向が強く見られる．

　『玲瓏』では，創刊初期から「世界中の婦女の様々な生活を掲載する」
（1932：330）ことを趣旨とする「婦女生活」欄が開設され，「婦女自身の問題と
世界各国における婦女の現状に注目する」（1932：1191）という編集方針が掲げ

られた. ただし,「世界各地」と言っても, 必ずしも地球上のあらゆる地域が
平等に扱われているわけではない. そこには植民地的近代の地政学が絡んでい
る. たとえば, 題目に「世界各地」という言葉を冠した記事において,「世界」
を代表して登場するのは往々にして米, 英, 仏, 独, 日, 露といった列強国で
ある (1933:1850;1935:566;1934:2561). 同時代のほかの刊行物にも見られた
この現象は, 西洋の帝国主義諸国を中心に構成されている当時の中国の世界観
を窺わせるものであった.

　そのなかに「日本」が頻繁に登場することは, 西洋主導の世界秩序に編入さ
れ, 1930年代にますます上昇していく日本の国際的な地位を暗示しているもの
として捉えられよう. しかし, 記事内容を見ると, 日本に対する評価は決して
芳ばしいものではなかった.「日本女性」の日常が「赤ちゃんをおんぶし家事
に従事する」(1934:790) とされ,「哀れにも男子の犠牲となって」おり,「世
界中で最も従属的だ」(朱民婉 1933:340) と批判的に捉えられることが少なくな
い.

　それに対し, 西洋女性, 特にアメリカ女性が理想だと形象され, 日本女性と
対置されることもあった. 先の日本女性のことを「男子の犠牲となっている」
とした「世界各国の女性の比較〔世界各国女性的比較〕」という記事では, ア
メリカ女性は次のようにポジティブな論調で語られており, 日本女性と強い対
照をなしている.

　　　アメリカの女性は従来から自由と独立を重んじるため, 社会で活動する
　　ことに熱心で, 家にこもることはめったにない. そのため, アメリカでは
　　職業婦人の数が最も多く, 女権運動も最も発達している. (朱民婉 1933:
　　340)

　同記事におけるほかの列強諸国の女性をめぐる評価も決して悪くはなかった.
このように, 日本に対し, 世界秩序への編入と女性の後進性が同時に指摘され
ていることは何を意味するのだろうか.

　前述の須藤 (2005) の指摘を踏まえれば「西洋」の普遍性に逆照射される形
で現れたのは,「日本」と「中国」に共通して見られる「立ち遅れ」である.
「西洋」の絶対的優位を認める五四新文化運動以来,「中国女性」と「日本女

性」の近似性はそうした巨大な他者の影響下で形作られていった側面が強い.

　前章でも確認したように，独立で自由なアメリカ女性のイメージは中国女性の置かれた閉塞的な状況を際立たせる機能を果たしうる. ここで同様の論理が日本女性の表象のされ方にも反映されている. 当時，世界秩序への参入は西洋中心の近代的価値秩序への参入とほぼ同義であるため，非西洋としての他者性がいっそう照らし出されてしまうことになる. つまり，『玲瓏』における「西洋女性」の存在は「中国女性」と「日本女性」の両方のイメージをマイナスな方向へと規定させる力を持ったのである.

　しかし実際，その三項関係における日中の女性は必ずしも同じ地位を与えられていたわけではない. 中国女性は日本女性との共通性が強調されるよりも，西洋女性に伍して日本より優越的な立場を獲得することもあった.

　　日本の女性は，その生活において正当な地位を確保できるまで，西洋諸国と同様の水準に立つことは決してない. それどころか，同じ立場の中国の女性と比べても，大きな差がある. 中国の女性は西洋同様に開放的にして，自由であり，個人主義的で，自分自身の生活のために奮闘できる. 彼女らは男女が同等の地位にあることを認めている. しかし，日本の女性は逆だ. 彼女らは高圧的な男性のもとに置かれ，その生活は奴隷的，卑俗的で，愚劣だ[7]. (1934：1286)

「同じ立場」というのは「西洋」に対して「東洋」に属するという中国と日本の地理的・歴史文化的近接性を指していると考えられるが，ここで日本は「仲介」あるいは「同士」としての地位を失い，中国よりも劣っているように表象されている点は興味深い.

　女性の置かれる状況に基づいて観念上の世界地図を形成することは，清末期から女性問題に関心を持つ男性知識人が常にしてきたことでもある. だが，梁啓超をはじめとする知識人たちが考案したのは，国力と強く結び付いている女性像であった[8]（何 2018）. しかし，先の「日本女性」をめぐる国際比較的な言説から見て取れたのは，日本の実際の国際的政治的地位と乖離した評価である. しかも，その乖離は「中国女性」との連帯を築くための土台にはなっておらず，むしろ「日本女性」を「中国女性」より劣等的な存在として捉えることを可能

にした．須藤（2005）が五四時代を代表する『婦女雑誌』から見出した「同じ女」意識に基づく同情や共鳴が消え去り，かわりに軽視と嫌悪といった感情が「日本女性」に投射されるようになったことが窺える．

　要するに，日常的な日本女性像は，決して「国際化」と無関係に語られたわけではない．上記のような，日本女性を他国の女性と比較しながら「日本」を「世界」に位置付けようとする論法そのものが，ナショナルな単位で女性の日常生活を認識する言説の生産につながっていたと考えられる．

2-2. 「賢妻良母」としての「日本女性」

　日本女性への低い評価は，もちろん当時の中国全体にわたる反日ナショナリズムの高まりに一因があるが，ただそれだけでは捉えきれない性別役割分業をめぐる文化距離認識の問題も存在する．日本女性に対する否定的な論調が多かったのは，言説上，そのイメージが「賢妻良母」に収斂されていることと関連していた．

　たとえば，ある女性読者徐静貞は「日本婦女の地位〔日本婦女的地位〕」という投稿で日本女性を次のように描いている．

　　　日本の女子はさらに可笑しくて矛盾した人たちだ．彼女たちは良い教育を受けているが，旧態依然として昔の女訓を崇め，婦規婦道を遵守している．男子のことをある種神聖な，従わねばならぬ存在としている．……彼女たちは賢妻良母になること，悪く言えば男子の使用人，寄生虫，奴隷になることに安住している．（徐静貞 1933：147-148）

　徐の発言は日本女性への低い評価を象徴的に示している．それは，教育により地位向上の可能性を持っているにもかかわらず，男性に依存し，男性からの抑圧を甘受する「賢妻良母」のイメージである．

　同様の議論は女性読者の胡予馥によっても行われており，「日本女性」について「教育を受け自立の力を持っているのに，卑屈に，なされるがままに横柄な男子から抑圧を受けるとは，人を失望させざるをえない」（胡予馥 1933：290）との批判がなされている．ほかに，「受動的な立場にある日本婦人〔処在被動地位的日本婦女〕」（1933：290-291）や「奴隷制度下の日本女性〔奴隷制度下的

日本女性]」（1934：1286-1287）など，タイトルからも明確であるように，主体性を完全に失ってしまったという「日本女性」のイメージが構築されている．

　第2章でも言及したように，五四新文化運動期において，「新女性」という新しい女性像が理想とされていた．それに伴い，近代的な女子教育方針を意味するはずの「賢妻良母」が封建的な意味合いを帯びるようになり，「伝統的な旧女性」の代名詞として散々に批判されていた（陳 2006）．1930年代になってもその印象は払拭されておらず，「女は家に帰れ」論争において，保守派以外，各派の論者がこの言葉に躊躇を示したのもそれに一因があっただろう．

　モダンな女性誌『玲瓏』においてはなおさらである．賢妻良母主義は「婦人を隷属させ」，彼女たちに「籠のなかで暮らすことを甘受させ，寄生生活を送らせる」制度だとした上で，その再定義を図った論説が編集者の勧めとともに掲載された（妮 1934：2163-2166；1934：2221）．こうしたなか，「日本女性」は「賢妻良母」と結び付けられる以上，負のイメージがつきまとってしまうのである．

　問題は，なぜそのようなイメージの結び付きが成立したのだろうか．上野千鶴子（2012）は，近代において「女性の国民化」が推し進められた際の「国民」の基準は男性性に依拠していたため，ジェンダーの境界を維持するか，それとも超越するかというジレンマに直面しかねないことを指摘している．その対応として，「男性並み」を目指す「統合型」と，「女らしさ」を求める「分離型」といった2通りのジェンダー戦略が存在するが，日本の場合，「分離型」のジェンダー戦略が徹底されていたという．戦時の女子徴用でもジェンダー分離を崩さなかったことや終始女子戦闘員が起用されなかったことがその有力な根拠として挙げられている．

　これを踏まえれば，「賢妻良母」という家庭内の性別役割分業を強調する女性カテゴリーが，「分離型」のジェンダー戦略を徹底した日本社会の女性にふさわしいイメージでもあったと考えられる．

　それに対し，この時期の中国では，新生活運動の提唱により「女は家に帰れ」論争が広範に沸き起こったことが逆説的に示すように，「家から出た」女性の規模が一定程度に達するなか，女性の職業役割と家庭役割に対する認識が日本のように整合性を持ちえなかった．殊に，男性の家内性を強調する「賢夫

良父」まで，国民党系の女性誌『婦女共鳴』によって打ち出されたことは，南京政府の提唱する母性主義や性別分業のあり方が，日本に比べ，いかにも固定化しておらず，「不徹底」だったのかを示している．

　つまり，両国が遂行しているジェンダー戦略には大きな差があった．ましてや，美しさ規範に基づく女らしさの維持と公領域における男女平等を同時に求めている女性誌『玲瓏』においては，家庭に閉じこもって献身的な日本の「賢妻良母」が極めて異質な他者として映っていたと推察できる．

　ジェンダー戦略をめぐる日中間の差異は同時代の日本の知識人にも認識された．『玲瓏』に転載された「日本評論家神崎清が観察する現代中国の婦人〔日本評論家神崎清観察中的現代中国的婦人〕」と題する記事において，神崎清は「モダンガール〔摩登姑娘〕」に言及しながら，日中間の女性の相違を女子教育の角度から述べている．

> 　日本とは全く違い，中国婦人の現代性は男女共学制度において表されている．彼女たちが男子大学生のなかに混ざり込んで同じ科目を受講することは，社会的な意義からすれば，確かに進歩が速い．しかし，それらの科目には，料理もないし裁縫もない．家庭的な意義からすれば，こうした教育はまったく無用だ．……では，新しい教育を受けた女子はどこへ行くのか．これは大きな問題だ．その多くはやはり家庭に戻るが，前述のように彼女たちには家事訓練の経験もないのに，如何にして主婦になれるのだろうか．（1936：2370-2371）

この発言から，主婦至上主義とでも呼ぶべき主張が読み取れるだろう．神崎は「家庭に戻る」「主婦になれる」ことを女性の唯一の宿命としているからこそ，中国女子の家事訓練の経験のなさを嘆いているわけである．それに対し，編集側は興味深い反論をした．

> 　神崎清自身が男性であり，しかも賢妻良母主義を重視する日本国の男性だから，現代中国婦人に対して皮肉に満ちた口調を使ったのだ．実は彼が不思議に思っているところこそ，中国の新女子の偉大なるところだ！（編集者 1936：2414）

　日本の「賢妻良母」と正反対なところに中国の新女子の「偉大なるところ」があるとする主張は，改めて女性の家事・育児天職論に反対するという雑誌の立場を表明してくれるだろう．しかも，それが中国の優位性と結びつくことで正当性を持った．

　また，ここにおいて，帝国日本の男性が眼差す主体であると同時に，眼差される存在でもあったことが見て取れる．神崎清を「賢妻良母主義を重視する日本国の男性」とし，否定的に捉えることは，中国女性を「他者」として語る日本人男性への視線の投げ返しにほかならなかった．そして，「日本女性＝賢妻良母」という図式にとどまらず，「日本」という国までをまるで「賢妻良母の国」としてステレオタイプ化することは，植民地男性の自己中心的なまなざしを瓦解させる機能を持ったとも考えられよう．

2-3.　ドメスティックな「モガ」

　以上の「日本女性」及び「日本」をドメスティックなイメージで表象しようとする力学は，日本の「モガ」[12]の表象にも及んだ．

　日本において，経済力をもつ職業婦人がしばしばモダンガールの基盤をなす層だとされている（斎藤 2003；Sato 2003）．モダンガールに格別な関心を示している『玲瓏』では，店員，売り子，女給，モデル，円タクガール，バスガール，エアガール[13]，街頭案内娘といった具合に，いわゆる日本の都市型職業婦人のことが多く言及されている（1937：975-977；1936：2783-2785；1935：8-9；1933：2253-2254）．これらの職業婦人には，東京の丸ビルで仕事するホワイトカラーもいれば（1937：27），「お洒落好き」で客を魅了することが得意なバスガールもいて（1935：975），職場がそれぞれに異なるが，いずれも都会的な仕事に勤めている「モガ」であった．

　ただし，彼女たちの就職の動機について，「自分のため」ではなく，「家族のため」だと強調するものが多く見られる．社会進出を実現したとはいえ，日本の職業婦人は依然として家庭と強く結び付いているように描かれている．その一例として，京都帝国大学の教官を務めていた蛯川虎三の妻・律子に関する記事を見てみよう．「教授の妻が自動車運転手に〔教授夫人当汽車夫〕」という記事では，次のように報じられている．

　近年，助教授が終日研究に没頭し，生産的な仕事に携わらないでいるため，（妻の律子は──筆者注）秘密裏にして自動車運転を練習し免許を得た．現に昼間は流し円タクの仕事をし，客を運ぶことでお金を稼ぎ，夜は主婦として家事を切り盛りしている．これを以て夫君の学業を助けたいという．（1933：55）

　昭和前期というのは，円タクが人力車に取って代わるスピード時代であった．円タク・ガールはまさに時代の先端を走る女性職業の１つであった．しかし，この記事では，先端性よりも明らかに律子の家庭への献身ぶりに焦点が当てられている．同様なまなざしは未婚の職業婦人を捉える記事においても確認できる．たとえば，女性読者婉芬の投稿「日本におけるバスの女性出札係〔日本的女売票員〕」では，日本のバスガールの家庭回帰志向が説かれている．

　彼女たちは会社に雇われても，しばしばすぐに辞職する．その理由は，体調により仕事が行えないこと，乗客や車掌のからかいに耐えられないこと，良い人を見つけたので思い切って主婦になり一生を送ろうとすることのいずれかによるのだ．なので，このようなバスの出札係という職は，実際に少女たちの一時的な居場所にすぎず，環境の悪化と，楽な生活に安住したいという怠惰性は，結局，彼女たちを家庭へと送り返すのだ！（婉芬1935：8-9）

　この記事の冒頭には，「かつて日本のある大学教授は月給で家庭の生活費を賄えないため，妻にバスの出札係をさせることで家計を補助させることがあった」という付言もある．律子の事例の誤解であるかどうか明確ではないが，以上の記事からは，既婚であれ未婚であれ，家庭志向を強く持つ日本の都市型職業婦人のイメージが浮かび上がってくる．そして，「怠惰性」から窺えるように，否定的に捉えられる傾向があった．ほかにも，職業婦人の仕事について，一時的なものにすぎず，働いても腰掛け程度で結局家庭回帰するというイメージが少なからずあった（1936：1948-1953；1937：25-27）．
　総じて，誌面では，日本の職業婦人は結局家庭へ立ち戻るというステレオタイプのライフコース論に終始している．日本女性の人生は「学校生活，職場生

活，家庭生活」の三段階に分割され，なかでも職場生活の期間が最も短く，結婚後は仕事をやめるのが一般的だとされている（1936：1948-1953）．また，日本の都市風俗を紹介する記事には東京や大阪の結婚相談所・花嫁学校が多出している（1934：837-838；1934：1666；1935：907；1936：182-184）．

このように，日本の「モガ」にもドメスティックなイメージが強くつきまとっていたことを確認できる．「モガ」をも包括する形で，「賢妻良母の国」という日本のイメージがさらに増幅されていった．

「賢妻良母」に対する悪評を思い出せば，こうした表象の仕方は，「日本女性」と「中国女性」の間に優劣関係をもたらしかねないと推察できる．前述した文化距離認識の問題において，女性読者の投稿から，「日本」よりも「西洋」との親近感が表出されたのも，この点に関わっている．ほかにも，女性の職業が「我が国では推奨されているのに，日本ではかえって取り締まっている．……日本人の考えが短絡的だ」（1932：2038）というふうに，両国のジェンダー戦略の差を指摘した上で，自らの優位性を主張する論があった．

しかし，これらの否定的な日本女性論は現実の日本女性の体験と必ずしも一致しているとは限らない．事実，第一次大戦後に日本の良妻賢母思想は再編を迎え，限定的ではあるが，家庭内役割だけでなく，女性の社会的・国家的役割の遂行も期待されるようになった．また，家庭内における妻の地位向上が唱えられ，対等な関係性に基づく夫婦像も登場した．そして，何よりも日本の女性たち自身が，良妻賢母思想に内包される妻・母役割にある種のモダンさと魅力を見出し，内面化していた（小山 1991；木村 2010）[14]．

前述のように，この時期，日中間の人的交流は盛んであり，日本社会を直接に観察し発信する機会は中国人にとって少なくなかったはずである．にもかかわらず，「モガ」を含む日本女性のイメージからその魅力的な面を切り離し，「賢妻良母」と結び付けて封建的で男性に従属的だと否定的に表象する傾向が見られるのである．

かくして，『玲瓏』からは「日本女性＝賢妻良母」という強固なステレオタイプを抽出することができる．雑誌の性格と時代状況を合わせて考えると，それは一方では「賢妻良母」を批判的に解釈し拒否したことで「反体制」の側面を持ち，他方では「日本」にマイナスな印象をつけることで「反日本」でもあ

った．いわば，「二重抵抗」のメカニズムがこの表象を成り立たせたのだと考えられる．

3．国家主義の時代へ

3‐1．「国家」を思う「モガ」

　日本女性像はマイナスに捉えられ続けたわけではなかった．戦争の影が忍び寄り，「国家」が以前にもまして現前するとき，「モガ」を含むドメスティックな日本女性像に変化が見られた．

　1930年代中期から，日中関係が大きく変化した．南京政府は日本の「親善」外交に応じる形で，反日運動の取り締まりを強化した．1935年5月に「邦交敦睦令」を頒布するように至ると，政府側の対日不抵抗政策に抗い，同年12月9日に北京で大規模な反日学生運動が起こった．それが引き金となり，抗日救国運動が一気に中国全国へと広がり，「内戦反対」，「一致抗日」の世論が高まっていった．上海の場合，1936年5月の「全国各界救国連合会」の結成により，中国の抗日運動の一大拠点になった（岩間 2010）．やがて1936年12月の西安事変（＝蒋介石監禁事件）を契機に，国民・共産両党の間に協力関係が結ばれるようになると，「抗日民族統一戦線」が本格的に確立されるに至ったのである．

　こうした中，『玲瓏』の誌面において「国防」に関連する記事が増えてきていた．もちろん日本の様子も関心の対象となった．たとえば，次のような日本女性の銃後活動を捉える記事がある．

　　　華北の事件が未解決のままである今，国家の前途は苦難に満ちている．幾重にも重なった闇を突破するために，国民の努力が必要だ．……最近，日本では「女子軍」が組織されたが，その役割は戦場にあらず，銃後にある．……我が国の女子も見習うべきだ．（1936：159）

　日本の総動員体制において，「銃後」の女性に要請されたのは「『出産兵士』としての役割と『経済戦の兵士』としての役割」（上野 2012：58）と言われている．そして，両方とも良妻賢母の枠を出ないのである．それが「我が国の女子も見習うべきだ」とされるようになったことは，従来の「賢妻良母」に対する

図5-6　（左）1937年2月10日号の裏表紙（1937：480）
図5-7　（中）1937年3月31日号の表紙，女優である黄曼莉（1937：881）
図5-8　（右）1937年5月5日号の裏表紙（1937：1360）

負のイメージが，この時期になると揺らぎ始めたことを象徴しているだろう．

　実際，これまで「奴隷」や「寄生虫」など，侮辱的に語られていた日本の「賢妻良母」が肯定的に捉えられるようになったふしが見られる．たとえば，「日本婦人への観察〔日本婦女的観察〕」では，中国女性が日本婦人に学ぶべきところとして，「勤勉」「力作」「温柔」が挙げられ，家事を上手に切り盛りできる日本の主婦が称賛されている（1936：2105-2108）．また，朝から晩まで苦労している日本の主婦を家庭の大黒柱とする投稿もあった（1937：1131）．さらに，家庭重視の日本女性の生き方が食いしん坊の怠け者である一部の中国女性より優っていると説く記事も現れた（1937：282）．

　主婦像が好意的に捉えられるようになったことは，1937年の表紙絵の変化からも見て取れる．この年にまったく新しいタイプのビジュアル・イメージが登場した．これまで妻・母役割を表現する表紙は皆無と言ってよいが，1937年に3枚も掲載されている（図5-6，図5-7，図5-8）．上の図にあるように，それぞれはエプロンを着用している西洋のモダン主婦，赤ちゃんを抱いているガウン姿の女性，そしてヒヨコと散歩中の母鶏である．表紙に明確な主婦像や母親像を登場させるのも，非人物像を取り上げるのも，従来では見受けられない形式であり，それらが一気に現れること自体，戦争直前の混乱と不安を暗示しているともいえる．しかし一方，表紙が雑誌の名刺であることを考えると，この

時期に妻・母役割を明示するイメージが表紙に登場することほど,『玲瓏』に
おけるジェンダー観の転回を示す格好な事例はないだろう. ¹⁶

　このような家庭内の性別分業へと回帰する傾向は,戦備に応じて「家庭」を
介しての女性の国民化が強く推し進められたことと関連していると考えられる.
つまり,国家主義イデオロギーのもとで,「賢妻良母」が再評価されたわけで
ある. そうした中,モダンガールも例外ではなかった.

　「ある社交界の華である日本女性の告白〔一位日本交際花的自白〕」という記
事では,菊子という関西社交界の華と称される日本人女性が第一人称で自らの
生活を述べており,そこには「一足の下駄はわずか五十銭で三,四ヵ月も履け
る」,「服だと和洋を三,四セット持っているが,私は立ち遅れていることを気
にしないから,その様式は四年前のものだ」などとあった (1935:1924-1925).

　「社交界の華」というのは,社交に長けるモダンガールの典型的なイメージ
である. 実際,編集側も上記の菊子の告白を日本モダンガールの典型とみなし
た. ただ,興味深いことに,次のように菊子の国家主義的な側面が称賛されて
いる.

　　　日本のモダンガールは,国家の観念が極めて強い上,よく働きよく倹約
　　している. 我が国のモダンガールの鑑になるだけの資質を持っていよう.
　　ゆえに,上記の文章を収めて,我が国の社交的な女子に今後の教訓として
　　もらいたい. (編者 1935:1926)

「社交界の華」である菊子のことが「国家の観念が極めて強い」とされるの
は,彼女の倹約さが,合理的な消費活動を行う理想的な国民の姿と重なり合っ
ているからであろう. この記事では,もっぱら女性の倹約さが強調されており,
まさに「経済戦の兵士」としての「良妻賢母」のイメージが想起される.

　このように,戦争が迫ってくるにつれ,誌面における女性の家内性の台頭に
伴い,日本女性に対する評価も変化した. 日本女性にまつわるイメージは「賢
妻良母」や「主婦」に収斂されている点に変わりはないものの,国家主義と結
び付けられると,従来の負の印象が解消されていく傾向が見られた. 特に,国
家主義的であるゆえに,日本人モダンガールは中国女性の見習うべき対象に祭
り上げられることもあった.

つまり，「女性」がいっそう明確に「国家」の一員に回収されざるをえない
時代にあって，国家主義の価値基準がジェンダー平等への訴求を凌駕したので
ある．

3-2.「国家」を超える「モガ」

　敵国の女性まで称賛することは，従属性を意味するかというと，必ずしもそ
うではない．日中全面戦争が一触即発の局面において，肯定されるのは「国家
主義的な女性」という抽象的で普遍的な女性カテゴリーであり，日本の「賢妻
良母」に限ったものではないからである．

　確かに「賢妻良母」のような「国家主義的な女性」が重視されることは，
「家庭」を介した女性の国民化が要請される背景と無関係ではない．しかし，
従来雑誌において様々な表象戦略で維持してきた女性の性的魅力に対する擁護
が完全に放棄されたわけではない．この時期に主婦像が増えてきたが，「家庭」
を経由しなくとも，女性のセクシュアリティを「国家」という枠組みに収める
経路もまた存在していた．

　「賢妻良母」や「主婦」に対する評価が好転すると同時に，1930年代半ば頃
から急浮上する「女性スパイ」のイメージが注目に値する．代表的な事例とし
て，まず川島芳子の名を挙げることができる．中国でスパイに関する報道や防
諜小説が本格的に流行したのは日中全面戦争が勃発した後のことだが，川島芳
子の名はそれ以前にも『玲瓏』に登場した．1934年の記事「川島芳子 日本政
府の有名な女密偵〔川島芳子 日本政府的著名女密探〕」では，簡にして要を得
た川島芳子の経歴が掲載されている．清朝の皇族の十四女として生まれた川島
芳子は「日本で育ち，日本の良き教育を受けた．九一八事変が起きて日本軍が
我が国の東北地方を占領した後に，日本政府の命令を引き受けて，北満州一帯
で軍事密偵を務めていた」とし，「極めて美貌で，数種類の中国の方言だけで
なく，露・英・仏語も話せる．東洋の Mata Hari [17] とも褒め称えられている」と，
いわば才色兼備の女性スパイのイメージを描き出している（麗君 1934：526-527）．

　しかし，1932年の第一次上海事変の火付け役とも言われる日本人僧侶襲撃事
件の張本人の 1 人はまさに川島芳子であった（上坂 1988）．にもかかわらず，上
海事変で日本軍に諜報を提供したことにざっと触れただけで，論者は「彼女は

今度平津に潜り込んできたが，きっと絶大な役割を発揮することは疑いない」
（麗君 1934：527）とほとんど批判もせずに論を閉じた.

　日中全面戦争が勃発する1937年の報道はさらに興味深い.「国際スパイ」
（1937：386）とされる川島芳子について，満州事変以前から活躍しているとし
た上で，「その当時，軍事上政治上の関連人物なら，誰もが彼女の美しき誘惑
のもとで思わず秘密を洩らしてしまったことがある」（1937：386）と，ここで
も美しさを武器にしている点が強調されている. この記事では，「それゆえに，
××が一瞬で我々の領土を席捲した」（1937：386）という，川島芳子の諜報活
動は結局中国に損を被らせてしまったことへの認識も見られるが，たいした非
難はせず，むしろ「密偵員が自ら一人を犠牲にする英雄的行動は，戦場の大虐
殺を減らすための最良の助けだ」（1937：385）と，女性スパイの戦争拡大防止
の役割を評価している. そして，文末で中国の「愛国女子」に対し，「祖国の
ために，民族のために，勇気を鼓して，前へ進め. ……最も華美な服装を身に
纏い，最も人目を惹きつける化粧を施し，軍営に出入りして死を恐れずに」
（1937：385）国に献身するのがよいと説いた.

　やや奇妙な書き方であるが，ジェンダーの観点からすれば，興味深いのは，
川島芳子は外見の美しさを強調されながらも，「祖国」のために献身できる偉
大なる女性とみなされていることであろう.

　一見，皮肉にも見えるが，女性の外見の美しさを追求してきた『玲瓏』のこ
とを考えると，「川島芳子」に象徴される女性スパイのイメージは，非常時に
おける女性の性的魅力を「国家」イデオロギーとは矛盾しない方向で正当化さ
せようとする表象戦略として理解できる.

　具体的な国益よりも「国家主義的」であることこそが重要であるように見え
る. この点は，前述の「我が国のモダンガールの鑑」（編者 1935：1926）とさ
れる「菊子」に対する捉え方とも共通している. ただし，「菊子」の国家主義が
「賢妻良母」のそれであるのに対し，「川島芳子」の国家主義は家庭外ひいては
戦場で性的魅力の発揮を介してはじめて実現できたものと表象されている. 時
を同じくして，日本の芸妓や女給の国防参加を取り上げる記事が現れたのも，
後者のロジックと軌を一にしたものと見ることができるだろう（1936：2868；
1937：1225-1226）. エロティシズムと結び付けられがちなこれらの女性イメージ

が，国家主義の枠内で正統化されていったのである．

　川島芳子の事例が報じられるほか，1930年代中期以降，従来ではほとんど取り上げられなかった「女性スパイ」に関する記事が急増し，主題化する傾向が見られる．「各国の女スパイを談ず〔談各国之女間諜〕」（雲秋 1936：2294-2298），「女スパイの物語〔女間諜的故事〕」（1936：3308-3309），「欧州のスパイ皇后〔欧州的間諜皇后〕」（1936：2585-2586），「女性スパイと女性諜報員の活躍状態〔女間諜与女情報員的活躍状態〕」（1936：3545-3548），「国際的な女スパイの活動〔国際間女間諜的活動〕」（1937：385-388）というふうに，『玲瓏』では「女性スパイ」が新たなモダンガールのイメージとして形象化されつつあった[22]．

　これらの記事では，外見的魅力がほぼ女性スパイの必須条件であり，彼女たちの髪の毛からハイヒールまでもが秘密情報を隠すために活用できるものだとされている（1936：3308）．事実，極東屈指の諜報市場だった上海では，多国籍の女性スパイが暗躍していた（Wasserstein 2017）．女性スパイを取り上げるある記事の末尾に「教えてあげよう．上海にも沢山いるのだ！」（1936：3308）とあるように，このモダンガールのイメージには一定のリアリティを持ったとも考えられる．

　ただし，ここで次のような問題が浮上する．川島芳子のような日本と中国を往来する正体不明な女性は，果たして国家主義的な女性像なのか．戦後処理の際に「売国奴」だと訴追された「川島芳子」がこのとき，かえって「祖国」のために献身する偉大なる女性だとイメージされていたのはなぜだろうか．そもそも川島芳子は日本名で知られていたが，日本育ちの中国人である[23]．彼女のイメージに見られる混淆性は，いうまでもなく「国家」を撹乱するものであったろう．

　「スパイ」というのは往々にして国籍や所属が曖昧であるため，様々な境界の不安定さを露呈させる表象である．ナショナル・アイデンティティの獲得が求められ，女性の国民化が加速化されるなかで，「女性スパイ」の表象が急浮上したのは決して単に「国家」への献身を呼びかけるのではなかった．

　つまり，文面における国家主義の強調とは裏腹に，「女性スパイ」の表象には実は「国家」の枠組みを乗り越える可能性が秘められていた．その出現は女性たちを国民国家プロジェクトへと動員させるよりも，「国家」を超える幻想

を与えたと言ったほうがあたっているのかもしれない．国籍が曖昧で正体不明なこの種の女性像は，なんらかの安定した上位カテゴリーにアイデンティティの拠り所を据えることの困難さを語っている．むしろ，それは偽装，すりかえ，境界の横断などを通して何もかもから距離をとって撹乱的に行動することの可能性につながっている．

　確かに，戦局の逼迫に伴って日本女性のイメージがかえって好転した．しかし，それをただちにジェンダー観の逆転として捉えるのではやや短絡的である．「賢妻良母」の再評価と「川島芳子」のような女性スパイの登場が矛盾することなく同時進行できたのは，両者がともに「非常時に対応する女性」という共通項を持ったからだと考えることもできなくはない．

　すでに「抗日民族統一戦線」が結成され，いわば対日戦争の遂行が決定された状況の下，女性中心の言説空間『玲瓏』において多様な日本女性の姿が混在していたことは，「戦時に置かれた女性」への普遍的な関心が芽生えたことと関連しているとも考えられるだろう．

　その当時，世界中の国々もその名の如何にせよ大戦の動員のために動いていた．日本だけでなく，国家動員体制に置かれた世界中の女性の多面的な姿が誌面に取り上げられている（1937：150；1937：898；1937：903-905；1937：975-977；1937：1130）．「同盟国」あるいは「枢軸国」を問わず，ただ女性としてのありうる生を模索する衝動として捉えられるのである．戦時におけるこのような関心は，民族主義と植民地主義のどちらにも安易に与しない『玲瓏』の表象実践の自律性を改めて示してくれるものであった．また，これは女性中心の言説空間である『玲瓏』ならではの性格だったともいえよう．²⁴

4．異種混淆のモダンガール

　本章では，「日本」の脅威が顕在化していくなかで『玲瓏』のなかの日本人モダンガールがどのようにイメージされていたのかを検討してきた．

　まず第4章で取り上げた「西洋」へのまなざしとは異なり，「日本」に関する記事は実際の人的交流によってもたらされ，日中交流の「民際化」の側面を体現しているものが多かった．しかし一方，そのような内容と並行して，ナシ

ョナリズムの感情を強く押し出している反日の言論もまた掲載されていた.

　こうした中，一見，国際的政治的な日中関係から切り離されている都市生活に関する記事内容でも，ナショナリスティックな衝動が伴っていたことが，分析により明らかになった. 露骨な感情の吐露ではないが，敵国としての「日本」に対応している姿勢が見て取れる. 具体的に言うと，「モガ」を含む「日本女性」は「賢妻良母」というステレオタイプに再文脈化されていたのを確認することができた. これは，当時中国のメインストリームに反しつつ，日本の負の側面を際立たせる「反日」の機能も併せ持つ，いわば「二重抵抗」の表象戦略に相当すると考えられる.

　実際，日中関係が悪化していくに伴い，誌面において，「二重の圧迫に置かれた今日の婦女」（1935：750），「帝国主義の砲火と封建勢力の残焔が固く結びつき，我々に猛烈な攻撃をし始めた」（良 1935：823）といった声が増えてきた. この意味で，「二重抵抗」の表象戦略は，いみじくも厳しさを増していくジェンダーに関する国の規制と日本側の脅威という上海の女性が置かれた「二重抑圧」の状況に同時に対応しているのである.

　これと同時に，ジェンダーに基づく文化距離認識によって，表象上における「中国─日本─西洋」の三項関係も新たに構築された. 先行研究では，中国のジェンダー秩序の形成過程において，「日本」はしばしば「仲介役」あるいは「同士」としての役割が強調されてきた（西槙 1993；張 1995；須藤 2005）. それらに対し，本章は女性中心の言説空間『玲瓏』のなかから「日本」の「引き立て役」としての可能性を見出した. すなわち，「日本」に「賢妻良母の国」という否定的かつ文化本質主義的なイメージを付与し，それを「西洋」に対置させるとともに，自らの「西洋」との文化的距離の近さを強調する. これにより表象上における「中国」の相対的な地位向上をもたらしたのである.

　その背後には，実際に各地域間に横たわるジェンダー戦略の差があるほか，雑誌側による選択的な表象戦略もあった. 解放的な一面だけ切り抜いて「ハリウッド」ないし「アメリカ」を想像・創造したのと同じように，「日本」の「賢妻良母」のイメージもまたポジティブな一面を捨象されて再編されたわけである.「日本」を「引き立て役」に位置付ける表象の仕方は，実態以上に，女性中心の言説空間『玲瓏』が自らの自立性を維持・促進するための戦略であ

140

　ったと考えられる.

　たとえ1930年代中期以降, 戦争が迫り, 国家主義イデオロギーのもとで女性
の国民化がさらに強化されるようになっても, そのような自律性を保とうとす
る戦略が見られる.「賢妻良母」が再評価され始めたが, それと同時に, 国家
主義的な女性とされる「女性スパイ」の急浮上は, 公式的な家内性の強調とは
別の経路でモダンガールのセクシュアリティを「国家」へと収斂させる可能性
を示すものであった.

　こうして, 新生活運動の展開によりますます監視の対象となる女性のセクシ
ュアリティは, 国家主義という絶対的価値のもとに合法性を確保できた.「女
性スパイ」のような表象は, 時局の要請と常にモダンでいたいという『玲瓏』
の女性読者たちの要請を両立させるために考案されたものだったと考えられる.

　しかし, しばしば正体不明の形でしか存在しえない「女性スパイ」は「国
家」の枠組みを破壊する力も持っていた.「川島芳子」の事例から分かるよう
に, 中国人と日本人の人種的な近さは女性に偽装の余地を与えた. かかる表象
は, モダンガールの異種混淆性をさらに複雑化し, 植民地主義と民族主義の両
方にも安易に与しない上海の半植民地性を象徴的に表しているのである.

注
1　アジア圏域内で唯一と言っていいほど西洋化に成功した国として, 日本はしばしば
　「準西洋」として位置付けられていた. 中国では清末改革期から, 西洋化を押し進めて
　一躍新興国となった日本のことを「模範国」とみなす視線がすでに存在し, 日本を結節
　点として欧米の思想を受容する回路もまた形成された (葛 2000；山室 2001).
2　「抗日」とは日本の侵略に抵抗するという意味を表す言葉であり, 具体的な抗議活動
　を伴う場合が多い. これに対し,「反日」も当時において用いられた表現であるが, 日
　本に対して反感を持つという社会心理レベルの意味に重点が置かれている. もちろん
　1930年代の中国という文脈においては,「抗日」と「反日」には重なる部分が多い. 本
　書では当時の言語使用習慣にしたがい,「抗日救国」「抗日民族統一戦線」といった表現
　を使用する.
3　ほかにも, 日本人開業医のところで働いていた女性読者が,「最近日本人が公然と我
　が国の領土を犯すに及んで, 憤慨のあまりこれ以上彼らと仕事を共にしないことを決心
　した」(鄭蕙卿 1931：1234) と自らの経験を述べ, これに対して編集長の陳珍玲は,
　「飯の種を失うことも恐れず, 日本人に協力しない. 実に婦女界のお手本だ. 十二分の
　敬意を申し上げる」(陳珍玲 1931：1234) と高く評価している. 当時, 国民党政権は共

産党軍の討伐や反対派の軍事行動など国内の紛争の解決を第一義的な目標としたため，日本と正面衝突するよりは直接交渉で事態の拡大を防ぐことを求め，いわば「不抵抗」の態度に終始していた（兪 1986）．しかし，それとはひきかえに民衆側からの厳しい批判は絶えることがなく，「未曾有の抗日運動」（石川 2010：80）が展開されていった．『玲瓏』のなかの反日・抗日言説も，そのような実態に呼応する産物にほかならなかった．

4　7年の刊行期間にわたって『玲瓏』の表紙に登場した日本人女性は3人のみであった．図5-4と図5-5のほか，1936年6月10日号の裏表紙には入江たか子の写真が掲載されている．修道尼の扮装から映画「貞操問答」のスチール写真であることが判別できる．「貞操問答」は，菊池寛の小説『貞操問答』を原作とし，1935年に日本で公開された映画である．

5　この数は，留日ブームの最中である1936年に29名に昇ったが，やはり女子留学生はごく一握りのエリートであった（周 2007）．

6　また，先の図5-4と図5-5にも「盧勢東東京から差出」という注記が記載されている．盧は留学生の予備教育機関だった東亜学校に在籍し，中国左翼作家連盟の東京支部にも関わった私費留学生である（小谷 2010）．彼はのちにマカオで撮影家として活躍していくが，東京留学時代では，日本人女優の写真を寄稿するだけでなく，中国人女子留学生の写真も多く撮影し，『玲瓏』や『撮影画報』など三和社の定期刊行物に送っていた．

7　ここの翻訳の初出は大尾侑子（2022：260）である．

8　そもそも近代中国における女子教育の発足は，日本の富強を女子教育の普及に求めた視線が存在したことに関わっている（何 2018）．女性の進歩が国家の発展に直結していた．また，須藤も，清末期の『婦女雑誌』において「日本への強烈な憧憬に近い感情」（須藤 2005：311）が見受けられ，日本女性の表象が日本の国力と強く結び付いていると指摘した．

9　日本人女性を侮辱的に表象することは同時代上海の漫画家たちによっても行われていた．彼らの作品には『「アジア＝黄色人種」という図式化された枠組みの中での『序列-化』』の傾向があり，「反日」意識が表出されているとの指摘がある（井上 2002：49）．『玲瓏』では人種よりも，ジェンダーの角度から日本女性を否定的に捉えていた．

10　1935年に国民党系の女性雑誌『婦女共鳴』が「新賢良」という特集を組み，「賢夫良父」に関する議論を呼んだ．この主張は，男性の家庭役割を提示した点において，近代家族イデオロギーを相対化し，女性の二重役割を緩和するきっかけを孕んでいる．ただし，公共保育など家庭役割の社会化・外部化を唱える左翼側からすると，やはり「折衷的な妥協案」であると批判された（葉 2019）．また，論争自体は日中全面戦争の勃発により終息したため，理念だけが先行し，実践として普及することはなかった．

11　神崎清（1904-1979）は，東京帝大新人会の会員であり，昭和前期において活動していた日本人男性評論家である．戦時中には『少女文学教室』（1939年，実業之日本社），『女学校ものがたり』（1939年，山崎書店），『現代婦人伝 私の歩んだ道』（1940年編，中央公論社），『近世名婦人伝』（1940年，朝日新聞社）を刊行するなど，特に女性文芸，婦人問題に対して関心を示した．また戦後では，文部省児童文化審議会会長，厚生省中

央児童福祉審議会委員, 労働省婦人少年問題審議会委員などを歴任した.

12　戦前大正・昭和期の日本では, ハイカラな「モダンガール」はしばしば「モガ」という やや揶揄的略語で言われていた. これは日本特有の呼称であり, 当時の社会的風潮を 掴める表現だと思われるため, 本書で用いることにする. また, 戦前昭和の日本社会で は, 「〜ガール」という形で, 次々に現れてくる都会の新しい職種を得た女性のことを 指し示すモダン語も氾濫していた. その具体的な様子を窺わせる貴重な資料として, 近 代日本のモダン語辞典を網羅的に収集した上で, 「モダン・ガール小辞典」を作成・収 録した山室 (2021) の労作がある.

13　山口誠 (2020) によれば, 日本初の客室乗務員は「エアガール」と呼ばれた. 1931年 初頭に各新聞社で「エア・ガール」の募集記事が出され, 1931年3月, 厳しい採用試験 を経て選出された3人の高等女学校卒業生が東京航空輸送社の実施した初飛行に参加し たという.

14　実際, 同時期日本の女性誌における「主婦」のイメージは, 消費社会に適応した美し き「モダンガール」の側面もあった (前島2012). 一方, マス・メディア上における 「職業婦人」と「良妻賢母」とのつながりについては濱貴子 (2018), 濱貴子 (2022) を 参照されたい.

15　「邦交敦睦」とは, 国交を親密にするという意味である.

16　時を同じくして, 三和社が新しい雑誌の出版に乗り出したことが傍証となる. 家庭へ の関心は, 1937年1月に『家庭良友』を創刊させたことからも窺うことができる. 『玲 瓏』にもその広告が掲載された (1937：1346). ただ, 図5 - 7において, まだ首の座っ ていない幼児を支えずに縦抱きしているのは, いかにも不自然である. そもそも写真中 の「子ども」は人形のようであり, それを抱く「母親」の真実性に対して疑う余地があ る.

17　第一次世界大戦中にフランスとドイツの間を渡り歩いた伝説的な二重スパイである. 女性スパイの代名詞として知られている.

18　北平と天津辺りのことを指す. 現在の北京市と天津市にあたる.

19　原文のママ. 「××」は「日本」の伏せ字である. 同じ文章では「抗日」が「抗×」 となっている.

20　ほかにも川島芳子の行方を追う記事があり, やはり彼女が日本で「日満親善」を唱え る「売国行為」に対して非難しなかった (1937：983).

21　現実の川島芳子は1927年に蒙古の将軍の息子と結婚したが, 1年余りで家出した. 以 降, 様々な男性パトロンを得て日本軍の諜報活動に協力していた. その生涯は上坂冬子 (1988) に詳しい.

22　「女性スパイ」という女性像は清末期にすでに類型化し, 小説のなかでしばしば取り 上げられていた. しかし, その当時, ロシアの革命小説を翻訳する形で受容されること が多く, また男性が主要な読者層だったため, 女性の国家主義的な献身はそのまま男性 のナショナル・アイデンティティを補充する役割を果たしたと指摘されている (劉 2013).

23　ただ, 実際に誤認がよく生じる. たとえば, 「著名な日本女性スパイ」(『婦女共鳴』 1934 3(11)：56) というふうに, 川島芳子を日本人だと誤報することもあった.

24　政党性をもつ同時代の女性誌は，中国国内のナショナリズムの風潮に直結する形で各
　　国の女性表象を創出していた．『玲瓏』にみる敵性よりも女性の生き方に関心を示すよ
　　うな報道の仕方は，大文字の女性誌と比べるといっそう鮮明になる．同じく「川島芳
　　子」を例に取れば，共産党系の『婦女生活』は彼女を「悪婦」だとして糾弾し（『婦女
　　生活』1937 4(6)：36），また国民党系の『婦女共鳴』は「行動が隠密」な川島芳子を
　　「殊に注意すべき」危険人物だと捉えた（『婦女共鳴』1934 3(11)：56）．

❦

終　章

上海の半植民地主義とジェンダー

1．モダンガールの抵抗文化

　ここまで『玲瓏』の誕生とそのなかのモダンガール表象をめぐり，多角的な視点から分析を行ってきた．本章では，各章で得られた知見をとりまとめ，上海の半植民地主義とジェンダーについて，改めて検討したい．

　1920年代末に国民党南京政権の樹立により，女子教育が飛躍的な発展を遂げ，女性識字層の規模が拡大した．新興の女学生読者層は「女性向け」メディアへの需要を生み出し，その需要に応えて『玲瓏』が誕生した．第1章の分析で明らかにしたように，同誌は内容面にとどまらず，男性読者の排除，購読行為のジェンダー化，そして性差別的な刷り込みを識別する批判力の涵養といった戦略を行うことで，「女性向け」という形式性を確立した．その過程に貫徹されている強烈な女性視点は，『玲瓏』を女性中心の言説空間に定着させる上で重要な役割を果たしただけでなく，その新鮮さと先端性ゆえに，同誌に「モダン」の色彩を強く帯びさせたとも考えられる．

　そもそも男性中心のエロティックなまなざしを相対化する狙いから出発した『玲瓏』では，女性の外見・性的魅力に対する肯定的かつ自己保護的な視線が見られる．第2章では，雑誌のなかのモダンガール論の編成論理を分析することで，理想的な女性像を構築する上で，女性の外見的魅力が重要な要素とされたことが浮き彫りになった．それは配偶者選択過程に限らず，広義の「交際」「社交」における性規範として語られていた．[1] こうした女性の性的魅力へのこだわりは，体制側の母性主義の称揚と関連しつつ，五四新文化運動以降の女性性の回復の文脈において，「母性」とは異なる経路を辿るものであった．

　そのオルタナティブな可能性は，モダンガールに関するビジュアル・イメー

ジからも見て取れた．表紙には若き女子を保護する存在としての母親も，未来
像にあたる母親の表象もほとんど存在せず，二重の意味における「母親の不
在」を確認できた．それと関連して生殖的主体につながるはずのスポーツする
女性のイメージも，国家イデオロギーからかけ離れており，日常的なレジャ
ー・娯楽文化とより親和性を持っていた．その背後には，「健康美〔健美〕」に
象徴される美しさ規範への追求があり，国家の要請を利用しつつ，「産む性」
としての女性身体のオルタナティブを目指す戦略があったのである．

　続く第4章と第5章では，そうした母性主義を相対化する美しさ規範の形成
は，トランスナショナルな文脈と無関係ではなく，国際環境と連動していた様
子について検討した．第4章で取り上げたハリウッド女優のイメージから読み
取れたのは，女性の性的魅力の強調による近代家族イデオロギーの相対化と，
「アメリカ」を自由で解放的な国だと祭り上げるイメージの創造的構築である．
このような「西洋」への女性中心的な読み替えは，新生活運動をはじめ，国家
による女性のセクシュアリティ管理が強化されていくなかで，中国女性の閉塞
感を逆照射する機能を持ち，メインストリームへの抵抗だと見ることができる．
また，「西洋女性」に希望を託す衝動は，かつて男性中心的に行われたオクシ
デンタリズムのあり方に比べ，国際フェミニズムにつながる契機も孕んだので
ある．

　一方，第5章では，「モガ」を含む日本女性を「賢妻良母」というステレオ
タイプで捉え，「日本」を「引き立て役」とする表象戦略について検討した．
それは家庭内の性別分業に批判的であるという点においては「反体制」であり，
同時に「日本」の負の側面を際立たせ，反日ナショナリズムとも共振している
ため，「反日本」でもあった．こうした「二重抵抗」の構図は，家庭を介した
女性の国民化の要請と，日本の脅威という当時の中国女性が直面していた「二
重抑圧」に対応する戦略にほかならなかった．

　1930年代後半，時局に歩調を合わせたように，誌面における女性像が改変さ
れた．国家主義イデオロギーが顕在化し，「賢妻良母」に対する評価が好転し
始めた．しかし，それと同時に「女性スパイ」という新たなモダンガール・イ
メージが急浮上し，家庭を介さずとも女性の性的魅力を国家イデオロギーに収
めようとする経路も示されたのである．一見，相反する女性像が混在している

が，それは「非常時に置かれた女性」への普遍的な関心の芽生えである可能性を本書では指摘した．こうして，日中全面戦争が勃発する前夜に，多様な他者への視線が内在化され，乱れていく『玲瓏』は，まさにナショナルな境界が曖昧化する雑居地帯としての半植民地を象徴的に示しているのであった．

　以上のように，国際都市上海の女性誌『玲瓏』のなかのモダンガール表象から，一貫して女性の外見・性的魅力に対する擁護が見られた．新生活運動をはじめ南京政府による統制が強化していくなか，様々な表象戦略を駆使して女性の性的自由を求め続けたことは，「母性主義」や「賢妻良母」といった支配的な文化への異議申し立てを表明することになる．それは一言で言えば，男性中心的家父長的な性別分業規範に対する一種の抵抗文化をなしていた．

　こうした女性中心の抵抗文化は，「女性向け」の形式性を徹した女性誌『玲瓏』を舞台に展開され，内外と視線を交わしつつ，自律性を保とうとした．支配的な母性主義イデオロギーを相対化すべく，同誌では，中国女性が日常的に許されないジェンダー・セクシュアリティ規範への思いを，外国人モダンガールという他者に託す形で表明できた．

　なお，「西洋」といい「日本」といい，『玲瓏』において創出されたそれらの均質的な文化統合体は，実態以上に，イメージの意図的な創造・想像にすぎなかったことが分析により浮き彫りになった．1930年代中期からのハリウッドの検閲強化を隠蔽し，また日本の良妻賢母主義に含まれている対等な夫婦関係の追求を無視することは，異文化に対する「誤解」というより，むしろ中国社会が自らの置かれた状況に対応するために，「西洋」や「日本」をあくまでも操作可能な符号とする戦略であったと考えられる．

　その戦略により，新たな「中国─日本─西洋」の三項関係が構築されていたが，[2]「日本女性」は「西洋女性」以上に異質な他者としてイメージされることもあったことに象徴されるように，国力や文化的近似性よりも，ジェンダーのあり方が第一義的な価値基準とされる傾向が見られる．上海は日本からも「モダン」である，と憧れのまなざしを注がれたが，そこにはこうしたジェンダーに基づく「西洋」との文化距離認識や，それによる序列化の問題が絡み合っていた．[3]

　では，それはいかなる歴史的状況において可能となったのか．これまでの中

国ジェンダー史の通説では，1920年代後期の国民革命を境に，女性解放に関する力点が，個人としての女性の解放から民族解放の下位運動としての女性解放へと変わっていったと指摘されてきた（李 2016）．この転換期に，五四新文化運動期に比べ，自由論争の言説空間が一段と縮小し，軍事主義的・民族主義的なジェンダーが圧倒的となったのである（柯 2018；高嶋 2018）．

　しかし，いわゆる民族主義的な「婦女解放運動」の最前線に立っていた人物でも，実は半植民地における民族主義の統制力の問題を指摘したことがある．たとえば中国共産党初期の女性革命家で，党中央婦人部長だった向警予は，民族解放運動の優位性を強調しつつも，「インド，安南[4]，朝鮮などには民族独立運動しかなく，女権運動はない．中国は半植民地であるゆえにまだ婦女運動があるのだ」（向 1925 ［2011］：237）と，民族主義という枠組みに収まりきれない女性解放の可能性について語っている．

　もちろん向の言う女性の解放運動は女性の政治的権利や経済的自立の獲得を指しており，本書で見てきたメディアにおける表現の権利や日常的な性解放の次元を語っているわけではない．しかし，半植民地における「女性」が「民族」や「国家」を凌駕する可能性を提示した点は示唆的であろう．

　Shih（2001）は，上海の文化受容に見られる「植民地主義」と「民族主義」の双方に対する曖昧な態度について，明快な解釈枠組みを提示している．それは，当時，上海の人々のなかには，都会的西洋（the metropolitan West）と植民的西洋（the colonial West）を区分する戦略が存在したということである．そして同様の区分戦略は「日本」にも働いたという．つまり，中国で局地的な支配権を握る植民者と，西洋や日本に由来するモダニズム文化は，区別されるべき2つの次元のものとして認識されていた．こうした「ユートピア的な世界主義」（Shih 2001：14）は，日中全面戦争が勃発するまで，国際都市上海のなかの中国人が広く抱いていた観念だったと指摘されている．

　『玲瓏』においてもこの区別戦略がみられるが，本書は分析を通してさらに複雑なメカニズムを見出した．いわゆる「都会的西洋／日本」へのまなざしにも，ジェンダーに基づく国家間の序列化の衝動が伴っており，また「植民的西洋／日本」に直面しているとはいえ，ナショナリスティックな表象よりも，自他の国家をともに撹乱する極端に曖昧な表象が登場していたことである．つま

り，ここにおいて，「植民的／都会的」の境界線がさほど機能しておらず，それよりも，重層的な戦略により，表象上における性的主体としての女性の自律性を維持していくことが優先されていた．この意味で誌上の「モダンガール」の織りなす抵抗文化は，多方向に展開されつつ，常にその対象との共謀や相互牽制のプロセスも伴っていたのである．

　要するに，1931年から1937年までの『玲瓏』の刊行期間を通じて，植民地主義と民族主義は深刻化の一途を辿っていたが，そのどちらにも安易に与せず，女性中心の表象実践をもって状況に対応していく可能性を生み出す土壌が，半植民地の上海に存在していたのだといえよう．

　こうして，モダンガール表象の構築過程から見て取れたのは，上海の半植民地性の核心を突く異種混淆性とどちらつかずの宙吊り状態であり，また，だからこそ生まれた戦前期中国のジェンダーをめぐる豊富な可能性である．その可能性はいわば『玲瓏』のような女性中心の表象の場の構築にあり，男性的構造的な支配イデオロギーから明確なアンチテーゼと自立を打ち立てようとすることにある．

　つまるところ，『玲瓏』のなかのモダンガールは，性別役割の固定化よりも流動化に，ナショナルなものの境界強化よりも境界侵犯に寄与する近代的な女性表象であった．こうした安定した姿を持たず，可変的な女性像は，一見，周縁的ではあるが，メインストリームに対してオルタナティブを提示した点において大変重要な意味を持っていた．

　というのは，このオルタナティブから，メインストリームを押し付ける体制側の施策自体に内在する混乱と政権の弱体化を見ることもできるのである．実際，南京国民政府は，母性の価値を強調する一方，女性の労働や社会参加に対する期待も示していた．いわば女性は生産と再生産の双方が求められていた（王 2019）．また，性別役割規範を伝達させる重要な社会構造としての学校教育もうまく機能できなかった．1922年に「壬戌学制」の頒布によって男女共学が実施されたが，南京政権が建てられた1928年2月では，「女子教育はとりわけ博大慈悲で健全な母性の涵養を確かめる必要がある．それは実に救国保種の要であり，優生強種の基礎である」（程 1936：120）と，女性固有の特性が宣言されるに至った．女子教育目標の急転に応じ，学校制度やカリキュラムなどを再

整備する必要が生じたが，実行面においては不満が多く，抵抗や消極的な服従がなされたのである（王 2020）.

　さらに，『玲瓏』で繰り広げられるモダンガール表象が複雑であればあるほど，現実の女性を囲い込む環境の厳しさを逆照射することにもなる．1930年代の上海では，新しい職種が出現していたとはいえ，働く女性の大多数は工業労働者であった（濱田 2014）．彼女たちはある程度の経済的自立を獲得したが，長時間かつ過酷な労働環境で自由を束縛されるという代価も支払わされていた.

　また，多くの都市女性はやはり結婚して家庭に入っていたが，それもまた問題を含んでいる．1930年代になっても蓄妾はまだ半合法であり（程 2006），さらに上海では農村女性の大量流入により，蓄妾行為は中流層の夫へと拡大する傾向も現れていた．夫婦間の性の二重基準が是正されたのは1934年の刑法改正を待たなければならず，実際に法の効力の及ぶ範囲は限られていた（白水 2014）.近代的な家族制度の普及は時期尚早であったといえる.

　もっとも1930年代の上海において，下層社会の存在も際立っており，妓女,浮浪者，そして難を逃れ上海に移住した多国籍の難民が国際都市上海のもう1つの光景を構成していた.

　厳しい現実のなか，『玲瓏』が提示したモダンガールの表象とそこに孕まれている抵抗の力学は，女性読者にある種の幻想を与えたに違いないだろう．実[5]態から離れているとはいえ，半植民地においてこそ成立していたこの種の女性中心の表象実践は，近代中国におけるジェンダー秩序の形成のダイナミズムを示唆してくれている.

2．モダンガールの行方

　1928-1937年は「南京十年」とも呼ばれている民国社会の発展の黄金期であった．本書で見てきたように，国際都市上海における多層的なヒト・モノ・情報の交渉が，モダンガールという不安定だが半植民地の混淆性を象徴する新しい女性主体を形作ったのである．その後，上海は戦争の時代に突入するが，モダンガールが消え去ることはなかった.

　1937年8月の第二次上海事変により，日本軍が華界を占領し，また1941年に

150

太平洋戦争が勃発すると，フランス租界，共同租界を接収した．日本の占領地になっていた上海では厳しい検閲が行われたため，政治に関する議論は禁止され，かわりに娯楽や通俗的な話題が盛んであった（陳 2014）．なかでも家庭領域への関心が空前の高まりを見せたという（Huang 2005＝2010）．三和社はこの時期に出版活動を復活したが，映画雑誌『電声』『精華』や家庭雑誌『家庭良友』の出版に精を出しており（序表- 2），『玲瓏』の正式な復刊は実現されなかった[6]．家庭的価値への傾斜はモダンガールに「モダン主婦」の色彩を帯びさせたといえる．

　一方，戦時中，一世を風靡した女優李香蘭は新たなモダンガールの代表となった[7]（徐 2016）．そのイメージは各種宣伝物によって広く流布され，「中国・日本・満州」の三地を行き来するモダンガールとして混淆性を極めていた（Shelley 1999）．中国名で活動する日本人という点で川島芳子と正反対である李香蘭は，「大東亜共栄圏の美少女」（四方田 2000）として日本の文化工作に協力し，川島と同じく積極的に「日満支親善」に寄与した．その汎アジア的なイメージは『玲瓏』のなかの「川島芳子」との連続性を持ちつつ，その当時，日中混淆の女性像がもつ危険性を改めて思い知らすものであった．

　1949年に中華人民共和国が成立すると，上海は「畸形的発展を遂げた消費都市」として真っ先に「社会主義改造」を要請された（劉 2020）．「資産階級のライフスタイル」が取り締まりの対象となり，なかでも中国の朝鮮戦争参戦とあいまって，ハリウッドをはじめとするアメリカ文化が排斥された．こうした中，モダンガールも断罪された．時を同じくして『玲瓏』の創刊者だった林澤蒼は，かつてアメリカの雑誌から女性の写真を転載したことで「資産階級の様々な毒を撒いていた」（趙 2014：93）と指弾されるに至った．林はのちに反右派闘争で投獄され，「右派」のレッテルを貼られたまま1961年に上海で病没した．

　一方，毛沢東時代を通じて共産党の強い支配の下，男女平等に基づく一連の法制度が実施され，特に女性の労働参加が大いに鼓舞されていた．ただし，それは「男並み」の平等であり，女性自らによる「美」の表現は抑圧された．1950年代，ほぼ唯一許容された「モダン」はパーマをかけ，ソ連風のワンピース（布拉古）を身に纏っている女性模範労働者のイメージであった．「社会主義国家の繁栄」を発信する機能を求められたこれらの女性労働者のイメージは新

時代のモダンガールだったといえる（劉 2020）.

　1960-70年代の文化大革命期になると, さらなる男女の画一化が要請された
だけでなく, 個性の抹殺により中国はモノクロの時代に入ったと言われる. 興
味深いことに, このとき, かつて上海で活躍し,『玲瓏』の表紙裏にも登場し
た女優藍蘋（のち江青に改名）は一転して, 最高指導者毛沢東の夫人として文化
大革命の主導者となった. 彼女自身のこの転向は, まさしく「旧上海」のモダ
ンガールと訣別しなければならない「新中国」のあるべき女性像を象徴的に示
しているのである.

　ところが, 1980年代以降, 改革解放政策の実施により, 中国に市場経済シス
テムが導入され, 消費の活性化が体制側のイデオロギーに組み込まれると, モ
ダンガールは再評価され始めた. 政治的主体を指す「小資産階級」という言葉
が「小資」と略されて消費的主体の表象へと変化したように（呉 2020）,「小資
産階級」だと指弾されたモダンガールも,「政治ではなく商業を中心とする国
家的モダニティを象徴する符牒」（董 2010：175）として, 中国社会に召喚され
た.[8] 民国へのノスタルジーのなかで, 大量のモダンガール・イメージや関連グ
ッズが再生産され, 消費されていった（江 2010）. その背景には中国社会の経
済転型のほか, 大衆文化における外見を中心とする「女性言説」の噴出や, 強
烈な情欲とセクシュアリティの表現をもって国際社会で評価されたいという欲
求などがあった（鐘 2003）.

　一見, 民国期上海のモダンガールが復活したように見えるが, 実はその表象
では過去の歴史的・政治的背景が捨象されている.

　このように, かつてモダンガールをもって女性中心の言説空間を維持しよう
とする試みは, 皮肉にも半植民地状況から解かれた社会のなかで, 国家または
単なる消費の記号として馴致されてしまった. ただし, これは逆に, 女性中心
の言説空間が, 民族主義と植民地主義がどちらも中心的な位置を失う半植民地
の空白地においてこそ成立していたことを語っているのではないだろうか.

　現在, 中国社会では「モダンガール〔摩登女郎〕」という言葉は死語になっ
ておらず, 近年の『人民日報』を見てみると, その言葉は脱政治化して単にフ
ァッショナブルな女性を捉える表現になっている.[9] いずれにせよ, 近現代中国
の時代による変動を跡付ける重要な女性表象として, 今後, モダンガールに関

するさらなる研究の展開が期待できるだろう。本書は、その誕生の原点に立ち返り、現代中国の社会的現実ではしばしば忘れられてしまう半植民地の歴史とジェンダー秩序の形成のダイナミズムを探究した点において、意義があると考えられる。

注 ──────────

1　高嶋航（2009）はノッター（2007）の論を援用し、近代中国の「社交」や「男女交際」は日本と同様に曖昧な意味を持っており、「友愛結婚」の傾向があると指摘した。それに対し、『玲瓏』のなかのモダンガール論を見る限り、この時期、異性との交際は「配偶者選択過程」より広い意味を持った。そのため、「交際」や「社交」における性規範をそのまま婚姻内の性別分業につなげていく視線も弱かった。

2　女性の置かれた状況に基づいて国際秩序を想像するのは、五四新文化運動期の男性知識人にも見られる現象である。近代中国の男性知識人たちは、西洋中心の世界秩序に参入しようとする強い意志のもとで、女性の社会的地位や啓蒙の程度を、近代化の進展を測るための重要な尺度としていた（Wang 1999）。この点を踏まえれば、『玲瓏』のなかの女性をめぐる国際比較的な論法は、啓蒙派の男性知識人たちから受け継がれた側面もある。ただし、『玲瓏』では、実際の政治的軍事力や国力と乖離した序列化が見られる。

3　日本と中国では、女性のあり方をめぐり、それぞれ異なった戦略で西洋と交渉していたことにも関わっている。牟田和恵によれば、近代日本のナショナリズムとジェンダーの関係について、和服の称賛など、「女性に伝統的・日本的なものの表象をわりあてること」が多く、「男たちが、追いつかねばならない対象である欧米に対して抱くアンビバレントな感情を、『女』に文化的伝統や歴史を担わせることで解消、あるいは発散しようとする」（牟田 2010：159）という表象戦略が取られた。つまり、「西洋」と対峙するために「日本女性」は伝統的な姿を求められていたのである。それに対し、中国ではいわゆる「伝統」的なものはすでに五四新文化運動を通じて遅れているものの象徴となり、対抗手段としての資格を失っていた。むしろ女性に対しても西洋への接近ないし超越を急務としていたのである。

4　原文のまま。ベトナムに対する当時の呼称である。

5　ただ、全人口の識字率がまだ2割以下だった頃、その束の間の息抜きを享受できたのは、ごく少数の女性にすぎなかったのである（関西女性史研究会編 2014）。1936年10月10日、戦前最後の国慶節の当日に「玲瓏叢書」の一巻として『女子の抜け道〔女子的出路〕』が出版された。巻頭に「抜け道を探している姉妹たちに捧げる」という献辞が付されている。表紙にある大きなクエスチョンマークはまさに安定した居場所を持たず、行き先もわからないという女性のジレンマを象徴的に示している。ただ一方、それは常に「女性」の視点からこれから進もうとする道を問う『玲瓏』に一貫して見られる姿勢であったともいえるのである。

6　南京政府の遷都に伴い、上海にいる多くの出版人は活動の中心を新首都重慶へと移し

た．上海に取って代わり，重慶が新たな出版の中心地になった（比護 2022）．だが，三和社の創立者林澤蒼は上海に残り，出版活動を続けた．戦時中，三和社傘下の刊行物に『玲瓏』の「痕跡」が見られるが，正式な復刊には至らなかった．『電声』では「玲瓏・家庭良友」（1939月 1 月号），「玲瓏婦女雑誌」（1939年 8 月号），「婦女専頁」（陳珍玲編集，1940年 4 月号‒ 7 月号）といった特設ページが設けられている．また，『家庭良友』の1940年 1 月 1 日号では『玲瓏』との合併宣言が見られるが，後継号は現存しない．『中外影訊』の「家庭と婦女」ページには読者欄「珍玲信箱」がある（1946年 7 月号‒12月号）．『精華』の「家庭と婦女」ページにも読者欄「珍玲信箱」が見られる（1946年 3月号‒11月号）．断続的にしか復刊が図られなかったということは，1937年を境に『玲瓏』に存在していたモダンガールの表象が落ち着きを見せたことを意味しているだろう．

7　李香蘭（1920‒2014）は，中国生まれ，中国育ちの日本人歌手兼女優であった．日本名は「山口淑子」であるが，中国親日派の大物だった李際春の養女となることをきっかけに「李香蘭」という中国名を得た．少女時代は瀋陽，北京，天津などの都会で過ごし，中国語に堪能である．奉天放送局の歌手を経て，1938年に満映の専属女優となり，日本の国策映画の出演に関わることになるが，「李香蘭」という名で活動していた彼女は，中国人のスター女優だと信じられていた．また，満映での活動は日本側の文化スパイ工作の中心に位置付けられた「山家機関」との関わりのなかで実現した．その人生は四方田犬彦（2000）に詳しい．また，日中戦争期の汎アジア的な女性像の典型として「李香蘭」を捉えた Stephenson Shelley（1999）を参照されたい．

8　大衆文化や都市文化に関する研究の勃興に伴い，モダンガールを消費社会に関連付けて捉える研究が多くなった．それらの研究は，民国期へのノスタルジーのなかで消費されることもあった（朱 2003；李 2007）．

9　ある若い女性への取材記事において，「穴あきジーンズを履くモダンガールと書道芸術との組み合わせ」は記事のネタとして捉えられている．（『人民日報』2014.4.24）

10　本書で取り上げたアメリカや日本以外にも，多様な外国の要素が半植民地だった近代中国の女らしさの形成において機能した．ヨーロッパ諸国ひいては東南アジアの影響がいかなる形で当時中国の女性向けのメディア文化のなかで現れていたのか，さらなる検討が必要である．また，本書で示したように，『玲瓏』から抽出した異種混淆なモダンガールのイメージは，ある種の国際フェミニズムの意識と分かち難く結びついていた．こうした越境的な女性連帯は，どれほど共有され，その後いかなる変遷を辿っていったのだろうか．これらの問いは，けっしてただの歴史問題だけではなく，今日のフェミニズムのあり方と国際環境との連動を理解する上でも役立つと考えられる．近頃，中国のSNS 上では，『玲瓏』への関心が浮かび上がり，民国時代の女子の大胆な主張に驚く声や，それを「民国版の『Vogue』」とする声が少なからず聞かれる．こうした時空を超えた対話は，歴史上のジェンダー・セクシュアリティの課題を探究することの必要性と意義をあらためて思い知らせてくれるのである．

あ と が き

　本書の完成に至るまでには，多くの方々にお世話になった．

　何よりもまず，研究者としての道を歩むチャンスをくださった稲垣恭子先生に深い感謝を捧げたい．来日する以前から，親身になってご相談に乗っていただき，異国の地で勉強・研究生活を送ることになる私を大変勇気付けてくださったことは，今でも忘れられない．その後，学位論文のご指導だけでなく，研究環境の面でも常に心強く支えてくださった．思い返すと，「いつでも相談に来ていいよ」という先生のよく言うお言葉は，どれほど安心感を与えてくださったものか．いつも深夜まで明かりがつく先生の研究室は，何度も研究の行き詰まりで悩んでいた私を救った．

　稲垣先生が退官された後，私を受け入れて主査を担当していただいた竹内里欧先生には，博士論文が完成に至るまでご尽力を賜った．細部にまで目を配る先生のコメントから多くを教わった．また副査をお引き受けいただいた佐藤卓己先生，南部広孝先生にも深くお礼申し上げる．佐藤先生は，ゼミで多くの有益なご助言をくださり，研究そのもの楽しさを改めて気づかせてくださった．特にメディア論に研究の視野を広げるうえで大変勉強になった．南部先生からいただいた丁寧なご意見と，面白い研究を続けてくださいとの一言は，研究を深化させていくうえで励みになった．

　そして，修士課程から現在まで，学業や生活面において川崎良孝先生から多大なるご支援を賜ったことに，心より感謝申し上げる．先生およびご家族の優しい心遣いで，日本での留学生活に温かい記憶を残した．川崎先生のご紹介で知り合った上海図書館の沈麗雲先生，金晶先生には，いつも資料の調査・収集を手厚くサポートしていただき，大変助かった．また，同じく図書館情報学を専攻される福井佑介先生のゼミで，幅広い議論を通して新しい視点を得られたこともありがたい経験であった．

　ほかにも直接ご指導を受けることがなくても，授業や学会で多くの刺激と示唆を与えてくださった先生がたくさんいる．大学院生として京都で過ごした7

156

年間は，自由かつ贅沢な時間だったと言える．今思えば，このすべての始まり
は，学部3回生の頃に「日本語・日本文化研修生」として京都大学に留学した
ことに遡ることができるかもしれない．居酒屋の店頭を飾っている美人画ポス
ターに知的好奇心をそそられた私に励ましの言葉をくださり，近代の女性表象
の研究を勧めたのはパリハワダナ・ルチラ先生である．そのきっかけがなけれ
ば，今の私はいない．学術研究について何も知らない私に，それが「人生最高
の遊び」であると教えてくださったルチラ先生の言葉に感銘を受けた．

　私にとって，この「遊び」は楽しいことばかりではなかった．しかし，挫折
してもやり続けることができたのは，周りにいつも助けてくださる人たちがい
たからにほかならない．特に教育社会学研究室，メディア文化論研究室の方々
に感謝の気持ちでいっぱいである．名前をすべてあげることは不可能だが，そ
の一部を書き留めておく（敬称略）．橘菫，伊藤すみれ，佐々木基裕，井上慧真，
椎名健人，磯辺菜々，藤村達也，今村光一郎，馮可欣，上村太郎，渡部晃大，
油田優衣，園部香里，矢部東志，章吉虹，王心月，大江將貴，花田史彦，木下
浩一，松尾理也，李夢迪，杜亦舟，王令薇，比護遥，温秋穎，銭正枝，黄錚錚．
本当にありがとうございました．

　そして，大尾侑子先生からは，自分の研究の新たな可能性について貴重な示
唆をいただいた．手代木さづきさん，松田康介さんには，草稿の一部を読んで
いただき，日本語チェックとともに的確なコメントをしていただいた．谷雪妮
さん，宋宇航さんは大変頼もしい先輩であり，研究以外にも様々なところでお
世話になった．彭永成さん，趙相宇さん，呉江城さんは互いに励まし合ってき
た大切な研究仲間である．笑顔でいろいろな困難に乗り越えられたのは，この
人たちのおかげだった．

　本書の刊行にあたり，晃洋書房の井上芳郎氏に大変お世話になった．国際通
信の困難を克服しただけでなく，初めて本の出版を試みる私に貴重なアドバイ
スと最大のご理解をくださったことに，衷心より感謝を表したい．

　最後に，いつも自由に歩みたい道を選ばせ，私を温かく見守り続けてくれた
両親ほど，本書の刊行を喜んでくれる人はたぶんいない．家族に恵まれている
ことに心から感謝いたします．

　　ふるさとの南京にて　2024年1月

呉　　桐

〔付記〕

本書は2018年度 CSC 留学基金，2020年度松下幸之助記念志財団の助成を受けた成果である．刊行にあたり，令和5年度京都大学人と社会の未来研究院若手出版助成を受けた．この場を借りて感謝申し上げる．

参 考 文 献

日本語文献

阿部潔・古川彰，2011，「社会表象研究の地平：「生きられた文化」への眼差し」『社会学部紀要』111：71-85.

バーロウ・タニE，伊藤るり・結城淑子訳，2010，「買うということ：一九二〇年代及び三〇年代上海における広告とセクシー・モダンガールのイコン」伊藤るり・坂元ひろ子／タニ・E・バーロウ編『モダンガールと植民地的近代：東アジアにおける帝国・資本・ジェンダー』岩波書店，60-87.

江上幸子，2007，「中国の良妻賢母思想と「モダンガール」：一九三〇年代中期の「女は家に帰れ」論争から」早川紀代・李榮娘・江上幸子・加藤千香子編『東アジアの国民国家形成とジェンダー：女性像をめぐって』青木書店，289-298.

──，2018，「近代中国の家族および愛・性をめぐる議論」小浜正子・下倉渉・佐々木愛・高嶋航・江上幸子編『中国ジェンダー史研究入門』京都大学学術出版会，281-300.

黄順姫，2019，『身体文化・メディア・象徴的権力：化粧とファッションの社会学』学文社.

深町英夫，2013，『身体を躾ける政治：中国国民党の新生活運動』岩波書店.

呉江城，2020，「消費社会の主体としての都市新中間層に対する認識の変容」『社会学評論』71(1)：138-155.

呉桐，2022，「ポスト「五四」時代のジェンダー論：「新女性」・「モダンガール」言説を中心に」『京都大学大学院教育学研究科紀要』68：233-246.

白水紀子，1995，「《婦女雑誌》における新性道徳論：エレン・ケイを中心に」『横浜国立大学人文紀要 第二類 語学・文学』42：1-19.

──，2004，「中国における「近代家族」の形成：女性の国民化と二重役割の歴史」『横浜国立大学教育人間科学部紀要Ⅱ 人文科学』6：135-151.

──，2014，「30 中華民国時期の妻妾問題」関西中国女性史研究会編『中国女性史入門：増補改訂版』人文書院，191-192.

濱田麻矢，2014，「Ⅳ-3 近代女性の職業」関西中国女性史研究会編『中国女性史入門：増補改訂版』人文書院，96-97.

濱貴子，2018，「戦前期『主婦之友』における職業婦人イメージの形成と変容：「職業婦人」と「主婦」イメージの接続」『社会学評論』69(3)：320-337.

──，2022，『職業婦人の歴史社会学』晃洋書房.

林香里・田中東子編，2023，『ジェンダーで学ぶメディア論』世界思想社.

比護遥，2022，「〈研究ノート〉中華民国期の出版データの推計：「民国図書数拠庫」をもとに」『京都メディア史研究年報』8：275-286.

井上薫，2002，「『上海漫画』にみる自己植民地化と「他者」：「世界人體之比較」を中心に」『現代中国』76：42-59.

井上輝子，2009，「日本の女性学と「性役割」」『性役割（新編 日本のフェミニズム 3）』岩波書店，1-42.

井上輝子・女性雑誌研究会編, 1989, 『女性雑誌を解読する Comparepolitan 日・米・メキシコ比較研究』垣内出版.

石田佐恵子, 2000, 「メディア文化研究におけるジェンダー：あるいはジャンル研究の含意」吉見俊哉編『メディア・スタディーズ』せりか書房, 113-127.

石川禎浩, 2010, 『革命とナショナリズム』岩波書店.

伊藤るり・坂元ひろ子・タニ・E・バーロウ編, 2010, 『モダンガールと植民地的近代：東アジアにおける帝国・資本・ジェンダー』岩波書店.

岩間一弘, 2010, 『上海：都市生活の現代史』風響社.

―――, 2011, 『上海近代のホワイトカラー：揺れる新中間層の形成』研文出版.

―――, 2012, 『上海大衆の誕生と変貌：近代新中間層の消費・動員・イベント』東京大学出版会.

徐青, 2016, 「シャンハイ・モダンガールと東亜：張愛玲と李香蘭」『文明21』37：27-43.

何瑋, 2004, 「1920年代中国社会における「新婦女」：『婦女雑誌』を主なテキストとして」『ジェンダー研究』7：53-72.

柏木博, 2000, 『肖像のなかの権力』講談社.

関西中国女性史研究会編, 2014, 『中国女性史入門：増補改訂版』人文書院.

見城悌治, 2021, 「『中華民国医事綜覧』から見る近代中国の医学者と留学歴：日本留学者を中心に」『千葉大学国際教養学研究』5：1-32.

木村涼子, 2010, 『〈主婦〉の誕生：婦人雑誌と女性たちの近代』吉川弘文館.

北原恵編, 2013, 『アジアの女性身体はいかに描かれたか：視覚表象と戦争の記憶』青弓社.

小浜正子, 2016, 「序」中国女性史研究会編『中国のメディア・表象とジェンダー』研文出版, 7-15.

―――, 2018, 「中国史におけるジェンダー秩序」小浜正子・下倉渉・佐々木愛・高嶋航・江上幸子編『中国ジェンダー史研究入門』京都大学学術出版会, 3-21.

米田華虹, 1930, 『支那風俗綺談集』博文館.

小森陽一, 2001, 『ポストコロニアル』岩波書店.

小谷一郎, 2010, 『一九三〇年代中国人留学生文学・芸術活動史』汲古書院.

小山静子, 1991, 『良妻賢母という規範』勁草書房.

子安宣邦, 2003, 『「アジア」はどう語られてきたか：近代日本のオリエンタリズム』藤原書店.

前島志保, 2007, 「「画報欄」の時代―雑誌写真の変遷と昭和初期の『主婦之友』」『比較文学研究』90：47-67.

―――, 2012, 「消費，主婦，モガ：近代的消費文化の誕生と「良い消費者／悪い消費者」の境界について」笠間千浪編『〈良女〉と〈悪女〉の身体表象』青弓社, 116-198.

前山加奈子, 2009, 「『女子月刊』をめぐって：1930年代中国におけるフェミニズム」『駿河台大学論叢』38：1-21.

本橋哲也, 2005, 『ポストコロニアリズム』岩波新書.

村田雄二郎編, 2005, 『『婦女雑誌』からみる近代中国女性』研文出版.

牟田和恵, 2010, 「新しい女・モガ・良妻賢母：近代日本の女性像のコンフィギュレーション」伊藤るり・坂元ひろ子／タニ・E・バーロウ編『モダンガールと植民地的近代：東アジアにおける帝国・資本・ジェンダー』岩波書店, 151-172.

中山千代, 1987, 『日本婦人洋装史』吉川弘文館.

西槇偉, 1993, 「1920年代中国における恋愛観の受容と日本「婦女雑誌」を中心に」『比較文學研究』

64：71-90.

―――, 2005, 『中国文人画家の近代：豊子愷の西洋美術受容と日本』思文閣出版.

ノッター・デビッド, 2007, 『純潔の近代：近代家族と親密性の比較社会学』慶應義塾大学出版会.

大尾侑子, 2022, 『地下出版のメディア史：エロ・グロ, 珍書屋, 教養主義』慶應義塾大学出版会.

落合恵美子, 2022, 『近代家族とフェミニズム 増補新版』勁草書房.

白永瑞, 趙慶喜訳, 2006, 「中国に〈アジア〉はあるのか？――韓国人の視点から」孫歌・白永瑞・陳光興編『思想読本 知の攻略 ポスト"東アジア"』作品社, 66-76.

李卓, 2002, 「学と不学の違い：近代中日女子教育の比較」『日本研究：国際日本文化研究センター紀要』24：147-162.

斉藤美奈子, 2003, 『モダンガール論』文春文庫.

坂元ひろ子, 2004, 『中国民族主義の神話：人種・身体・ジェンダー』岩波書店.

―――, 2010, 「漫画表象に見る上海モダンガール」伊藤るり・坂元ひろ子／タニ・E・バーロウ編『モダンガールと植民地的近代：東アジアにおける帝国・資本・ジェンダー』岩波書店, 117-150.

佐藤秋成, 2007, 「上海におけるハリウッド映画の受容と映画関連雑誌」孫安石編『特集『良友』画報とその時代　アジア遊学（103）』勉誠出版, 18-23.

孫安石編, 2007, 『特集『良友』画報とその時代 アジア遊学（103）』勉誠出版.

孫安石・菊池敏夫・中村みどり編, 2018, 『上海モダン：『良友』画報の世界』勉誠出版.

孫安石, 2021, 「上海の内山書店と医学書, 医療機器の販売について(1)」『人文学研究所報』65：155-168.

須藤瑞代, 2005, 「『婦女雑誌』と日本女性：近代東アジアにおける「同じ女」意味とは」村田雄二郎編『『婦女雑誌』からみる近代中国女性』研文出版, 307-333.

菅原慶乃, 2019, 『映画館のなかの近代：映画観客の上海史』晃洋書房.

―――, 2022, 「男装するモダンガール：映画『化身姑娘』シリーズと女性観客」中国ジェンダー研究会編『中国の娯楽とジェンダー：女が変える／女が変わる アジア遊学（267）』勉勉出版, 10-24.

菅靖子・山崎晶子, 2006, 「表象とジェンダー」江原由美子・山崎敬一編『ジェンダー社会理論』有斐閣, 176-187.

鈴木将久, 2012, 『上海モダニズム』中国文庫.

謝黎, 2011, 『チャイナドレスの文化史』青弓社.

―――, 2020, 『チャイナドレス大全 文化・歴史・思想』青弓社.

周一川, 2020, 『近代中国人日本留学の社会史：昭和前期を中心に』東信堂.

高嶋航, 2004, 「近代中国における女性兵士の創出：武漢中央軍事政治学校女生隊」『人文學報』90：79-111.

―――, 2009, 「近代中国求婚広告史（1902-1943）」『20世紀中国の社会システム』京都大学学術出版会, 51-94.

―――, 2010, 「1920年代の中国における女性の断髪―議論・ファッション・革命」『中国社会主義文化の研究：京都大学人文科学研究所附属現代中国研究センター研究報告』京都大学人文科学研究所附属現代中国研究センター, 27-60.

―――, 2018, 「III期 近現代中国 ―― 変容するジェンダー秩序 はじめに」小浜正子・下倉渉・

佐々木愛・高嶋航・江上幸子編『中国ジェンダー史研究入門』京都大学学術出版会，227-237.

陳姃湲，2006，『東アジアの良妻賢母論：創られた伝統』勁草書房．

戸阪雄二，2006，「ハリウッド映画と「アメリカニゼーション」」紀平英作・油井大三郎編『グローバリゼーションと帝国』ミネルヴァ書房，115-138.

張競，1995，『近代中国と「恋愛」の発見：西洋の衝撃と日中文学交流』岩波書店．

中国女性史研究会編，2004，『中国女性の一〇〇年：史料にみる歩み』青木書店．

―――，2016，『中国のメディア・表象とジェンダー』研文出版．

上野千鶴子，2012，『ナショナリズムとジェンダー 新版』岩波書店．

―――，2015，『差異の政治学 新版』岩波書店．

上坂冬子，1988，『男装の麗人・川島芳子伝』文藝春秋．

山口誠，2020，『客室乗務員の誕生：「おもてなし」化する日本社会』岩波書店．

山室信一，2001，『思想課題としてのアジア：基軸・連鎖・投企』岩波書店．

―――，2021，『モダン語の世界へ：流行語で探る近現代』岩波書店．

四方田犬彦，2000，『日本の女優』岩波書店．

米井由美，2017，「「姉妹たち」に告ぐ：雑誌『玲瓏』「玲瓏信箱」欄にみる読者の様相」『人文学報』(513)：155-172.

兪辛焞，1986，『満洲事変期の中日外交史研究』東方書店．

中国語文献（本文中では細Gで表記）

坂元弘子，2007，「民国時期画報里的"摩登女郎"」姜進編『都市文化中的現代中国』上海：華東師範大学出版社，73-88.

蔡潔，2017，「"過渡時代"的"風景"："児童年"与児童読物（1935-1936）」『現代中国文化与文学』1：56-68.

―――，2022，『摩登与弄潮：近代中国的文化与社会』北京：北京出版社．

陳建華，2009，『従革命到共和：清末至民国時期文学，電影与文化的転型』桂林：広西師範大学出版社．

陳申・徐希景，2011，『中国撮影芸術史』北京：生活・読書・新知三聯書店．

陳文聯，2003，『沖決男権伝統的羅網：五四時期婦女解放思潮研究』長沙：中南大学出版社．

陳雁，2014，『性別与戦争：上海1932-1945』北京：社会科学文献出版社．

陳一愚，2017，『中国早期電影観衆史（1896-1949）』北京：中国電影出版社．

陳祖懐，1996，「中国近代女子教育述論」『史林』1：69-78.

程季華編，1963，『中国電影発展史 第一巻』北京：中国電影出版社．

程鬱，2006，『清至民国蓄妾習俗之変遷』上海：上海古籍出版社．

程謫凡，1936，『中国現代女子教育史』中華書局．

戴錦華，2006，『性別中国：共同鋪演中國電影百年的性別風景』台北：麦田出版．

董玥，2010，「誰惧怕摩登女郎？」姜進編『都市文化中的現代中国』上海：華東師範大学出版社，156-181.

杜若松，2016，『近代女性期刊性別叙事研究』北京：中国社会科学出版社．

段越星，2016，「近代上海女子中学教育発展研究（1850-1937）」華東師範大学修士論文．

方漢奇・史媛媛，2006，『中国新聞事業図史』福州：福建人民出版社出版．

高鬱雅, 1999, 「従《良友畫報》封面女郎看近代上海的「摩登狗兒」? Modern Girl?」『国史館館刊復刊』26：57-96.

葛兆光, 2000, 『中国思想史：七世紀至十九世紀中国的知識, 思想与信仰』上海：復旦大学出版社.

龔麗, 2018, 「論邵力子主編《覚悟》対婦女解放思想的伝播」湖南師範大学修士論文.

何楠, 2010, 「《玲瓏》雑志中的30年代女性生活」吉林大学博士論文.

何瑋, 2018, 『"新女性"的誕生与近代中国社会：兼論与日本之比較』廈門：廈門大学出版社.

何雪英, 2013, 「消費文化的勃興与"新感覚派"的"摩登女郎"想像」陳恵芬編『現代性的姿容：性別視角下的上海都市文化』天津：南開大学出版社, 165-187.

胡道静, 2000, 「1933年的上海雑誌界」宋原放編『中国出版史料現代部分第一巻下冊』済南：山東教育出版社, 350-360.

黄旦編, 2018, 『範式的変更：新報刊史書写』上海：上海交通大学出版社.

黄旦, 2022, 「理解媒介的威力：重識媒介与歴史」『探索与争鳴』1：142-148＋180.

黄金麟, 2006, 『歴史, 身体, 国家：近代中国的身体形成（1895-1937）』北京：新星出版社.

黄克武, 2020, 『反思現代：近代中国歴史書写的重構』成都：四川人民出版社.

荒砂・孟燕堃編, 2000, 『上海婦女志』上海：上海社会科学院出版.

皇甫韶華, 2007, 「《電声》：民国電影第一刊」『電影新作』2：43-47.

黄新憲, 1992, 『中国近現代女子教育』福州：福建教育出版社.

賈海燕, 2012a, 「《玲瓏》女性話語狂歓中的男性形象建構」『江漢大学学報（人文科学版）』31(6)：44-48.

――, 2012b, 「美女与野獣：《玲瓏》中的"摩登女性"与"不良男子"形象透視」『山東女子学院学報』5：62-65.

――, 2013, 「20世紀30年代大衆媒介対女性摩登身体的建構：以《良友》和《玲瓏》為中心的考察」『山西師大学報：社会科学版』40(3)：130-133.

江上幸子, 2006, 「現代中国的"新婦女"話語与作為"摩登女郎"代言人的丁玲」『中国現代文学研究叢刊』2：68-88.

江維, 2010, 「現代性蜃楼：文化懐旧雰囲下的三十年代上海意象」華中師範大学修士論文.

柯恵鈴, 2018, 『她来了：後五四新文化女権観, 激越時代的婦女与革命, 1920-1930』台北：台湾商務印書館.

孔令芝, 2011, 『従《玲瓏》雑誌看1930年代上海現代女性形象的塑造』台北：稲郷出版社.

曠新年, 2004, 「另一種"上海摩登"」『中国現代文学研究叢刊』1：288-296.

連玲玲, 2011, 「"追求摩登"或"崇尚摩登"？：近代上海女店職員的出現及其形象塑造」鄧小南・王政・游鑑明編『中国婦女史読本』北京：北京大学出版社, 311-337.

李道新, 2005, 『中国電影文化史（1905-2004）』北京：北京大学出版社.

――, 2006, 「中国的好莱塢夢想：中国早期電影接受史里的好莱塢」『上海大学学報（社会科学版）』5：37-42.

李克強, 2000, 「《玲瓏》雑誌建構的摩登女性形象 1931-37」『二十一世紀評論』60：92-98.

李欧梵, 2007, 「上海的摩登与懐旧」『中国図書評論』4：75-79.

李暁紅, 2008, 『女性的声音：民国時期上海知識女性与大衆伝媒』上海：学林出版社.

李小江, 2016, 『女性烏托邦：中国女性／性別研究二十講』北京：社会科学文献出版社.

李小江編, 2003, 『譲女人自己説話：独立的歴程』上海：生活・読書・新知三聯書店.

李澤厚，1987，『中国現代思想史論』上海：東方出版社.

梁甌第・梁甌霓，1936，『近代中国女子教育』中正書局.

劉慧英，2013，『女権，啓蒙与民族国家話語』北京：人民文学出版社.

劉亜娟，2020，『再造与自塑：上海青年工人研究（1949-1965）』上海：復旦大学出版社.

盧淑桜，2012，「科学，健康与母職：民国時期的児童健康比賽（1919-1937）」『華南師範大学学報：社会科学版』(5)8：31-38.

──────，2018，『母乳与牛奶：近代中国母親角色的重塑（1895-1937）』香港：中華書局.

羅蘇文，1996，『女性与近代中国社会』上海：上海人民出版社.

倪偉，2003，『"民族"想象与国家統制：1928-1948年南京政府的文芸政策及文学運動』上海：上海教育出版社.

潘淑華，2021，『閒暇，身體與政治：近代中國游泳文化』台北：臺大出版中心.

彭小妍，1995，「五四的"新性道德"：女性情欲論述与建構民族国家」『近代中国婦女史研究』3：77-96.

──────，2018，「以美為尊──張競生"新女性中心"論与达爾文"性択"説」『済南大学学報（社会科学版）』28(1)：60-70.

前田河広一郎，1931，「摩登女」『社会与教育』16：5-6.

銭卓昇，1955，「女子教育」呉俊生等編『中華民国教育誌』台北：中華文化出版事業委員会，1-31.

瞿秋白，1931，「鬼門関以外的戦争」陳鉄健編，2014，『中国近代思想家文庫：瞿秋白巻』北京：中国人民大学出版社，302-323.

璩鑫圭，唐良炎編，2007，『学制演変：中国近代教育史資料匯編』上海：上海教育出版社.

饒曙光，2009，『中国電影市場発展史』北京：中国電影出版社.

薩空了，1932，「五十年来中国画報之三個時期及其批評」宋原放編，2001，『中国出版史料現代部分第一巻下冊』済南：山東教育出版社，337-342.

上海市第三女子中学編，2014，『追憶聖瑪麗亜女校』上海：同済大学出版社.

上海図書館編，2001，『老上海地図中英文本』上海：上海画報出版社.

孫娟，2017，「何以為家：民国時期知識群体理想居室建構」河北大学修士論文.

孫麗瑩，2014，「従《攝影画報》到《玲瓏》：期刊出版与三和公司的経営策略（1920s-1930s）」『近代中国婦女史研究』23：127-181.

──────，2016，「高尚娯楽？：《玲瓏》中的裸体図像，視覚再現与編輯決策」王政・呂新雨編『性別与視覚：百年中国影像研究』上海：復旦大学出版社，45-67.

陶知行，1922，「中国建設新学制的歴史（附図）」『新教育』4(2)：125-144.

王若穎，2020，「近代中国母親問題的研究与反思」『歴史教学問題』1：33-39.

王向賢，2019，『為父之道・父職的社会構建』天津：天津人民出版社.

王暁慧，2015，『近代中国女子教育論争史研究（1895-1949）』北京：中国社会科学出版社出版.

王印煥，2006，「試論民国時期学生自由恋愛的現実困境」『史学月刊』11(7)：64-68.

王余光・呉永貴，2008，『中国出版通史 8：民国巻』北京：中国書籍出版社.

王政，2004，『越界：跨文化女権実践』天津：天津人民出版社.

王政・呂新雨編，2016，『性別与視覚：百年中国影像研究』上海：復旦大学出版社.

呉果中，2007，『《良友》画報与上海都市文化』長沙：湖南師範大学出版社.

呉昊，2008，『中国婦女服飾与身体革命（1911-1935）』上海：東方出版中心.

向警予，1925，「在"中国婦女協会"成立会上的演説」戴緒恭・姚維斗編，2011，『向予警文集』北京：人民出版社，236-237.

蕭知緯・尹鴻，何美訳，2005，「好莱塢在中国：1897-1950年」『当代電影』6：65-73.

邢墨卿編，1934，『新名詞辞典』新生命書局.

熊月之・馬学強・晏可佳編，2003，『上海的外国人（1842-1949）』上海：上海古籍出版社.

許慧琦，2003，『「娜拉」在中国』台北：国立政治大学歴史学系.

────，2011，「過新生活，做新女性：南京国民政府対時代女性形象的塑造」鄧小南・王政・游鑑明『中国婦女史読本』北京：北京大学出版社，338-362.

許晩成，1936，『全国報館刊社調査』龍文書店.

厳梅梅，2019，「南京国民政府時期女学生的婚恋観（1927-1937）」『当代青年研究』4(6)：123-128.

楊笛，2012，「看与被看的性別政治：民国時期金陵女大女生和金陵大学男生的故事」『婦女研究論叢』6：82-87.

楊力，2019，「中国現代性観念的起源："五四"科学語境中的性話語分析」『四川大学学報（哲学社会科学版）』6：28-37.

楊聯芬，2016，『浪漫的中国：性別視覚下激進主義思潮与文学（1890-1940）』北京：人民文学出版社.

────，2019，「新文化運動与"女性主義"之誕生」『文芸研究』5(9)：51-59.

姚玳玫，2010，『文化演繹中的図像：中国近現代文学／美術個案解読』広州：広東人民出版社.

姚霏・蘇智良・盧栄艶，2013，「大光明電影院与近代上海社会文化」『歴史研究』1：115-131.

葉韋君，2019，「後五四時期的知識婦女：《婦女共鳴》的社会網絡（1929-1944）」『近代中国婦女史研究』33：113-162.

葉宇，2008，「1930年代好莱塢対中国電影的影響」北京大学博士論文.

葉再生，2002，『中国近代現代出版通史 第 2 巻』北京：華文出版社.

遊鑑明，2003，「近代中国女子健美的論述（1920-1940年代）」遊鑑明編『無聲之聲 II：近代中國的婦女與社會（1600-1950）』台北：中央研究院近代史研究所，141-172.

────，2012，『超越性別身体：近代華東地区的女子体育』北京：北京大学出版社.

俞蓮実，2008，「民国時期関于"生育節制"的四大論戦」『史林』5：128-188.

曾越，2014，『社会・身体・性別：近代中国女性図像身体的解放与禁錮』桂林：広西師範大学出版社.

張愛玲，1944，「談女人」『天地』6：14-18.

張麗莎，2012，「《玲瓏》雑誌《幕昧》電影周刊研究」山東大学修士論文.

章霈琳，2011，「民国城市女性的性論述空間：以1930年代上海《玲瓏》雑誌（1931-1937）為研究個案」香港中文大学修士論文.

────，2015，「性文化与期刊出版：以《玲瓏》（1931-37）為例」『近代中国婦女史研究』25：117-192.

張偉，2007，『満紙煙嵐』上海：上海教育出版社.

張錫昌，2002，『弄堂懐旧』天津：百花文芸出版社.

張勇，2015，『摩登主義：1927-1937上海文化与文学研究』北京：中国社会科学出版社.

趙婧，2013，「近代上海的分娩衛生与医療化」『中国社会歴史評論』14(1)：132-145.

────，2015，『近代上海的分娩衛生研究（1927-1949）』上海：上海辞書出版社.

趙俊毅，2013，『中国撮影史拾珠』北京：中国民族撮影芸術出版社.

────，2014，「"遺失"的撮影名家：林澤蒼和《撮影須知》」『中国撮影家』4(4)：92-95.

趙欣, 2010, 「1843〜1937年的上海女子教育：階段与特点『華東師範大学学報（教育科学版）』28（2）：90-95.

趙妍傑, 2020, 『家庭革命：清末民初読書人的憧憬』北京：社会科学文献出版社.

鄭崇選, 2013, 「焦慮中的性別与都市想像对《上海漫画》《時代漫画》的一種解読」陳惠芬編『現代性的姿容：性別視角下的上海都市文化』天津：南開大学出版社, 250-289.

鄭永福・呂美頤, 2010, 『中国婦女通史民国巻』杭州：杭州出版社.

鐘魯斎, 1937, 「中学男女学生心理傾向差異的調査与研究」『教育雑誌』27(4)：91-107.

中西女中校史編写組, 2006, 『回憶中西女中：1900-1948』上海：同済大学出版社.

鐘雪萍, 2003, 「女人味大觀：論当代中国大衆文化中的女性話語」杜芳琴・王向賢編『婦女与社会性別研究在中国1987-2003』天津：天津人民出版社, 267-286.

周葱秀, 1999, 『中国近現代文化期刊史』太原：山西教育出版社.

周泓遠, 2016, 「半殖民語境下都市女性身体的現代性建構：以《玲瓏》《良友》和《婦人画報》為中心」華東師範大学修士論文.

周慧玲, 2004, 『表演中国：女明星, 表演文化, 視覚政治, 1910-1945』台北：麦田出版.

周一川, 2007, 『近代中国女性日本留学史』北京：社会科学文献出版社.

周作人, 1927, 「古溝沿通信」周作人編, 2011, 『周作人書信』北京：北京十月文芸出版社, 83-90.

朱崇科, 2003, 「重構与想象：上海的現代性―評李欧梵《上海摩登：一种都市文化在中国1930-1945》」『浙江学刊』1(5)：132-136.

祝均宙, 2012, 『図鑑百年文献：晚清民国年間画報源流特点探究』新北：華芸学術出版社.

―――, 2013, 『図鑑百年文献：晚清民国年間小報源流特点探究』新北：華芸学術出版社.

欧文文献

Banner, Lois, 2016, "The Mystery Woman of Hollywood: Greta Garbo, Feminism, and Stardom," Feminist Media Histories, 2(4): 84-115.

Barlow, Tani E., 1993, "Colonialism's career in postwar China studies," *positions: east asia cultures critique*, 1(1): 224-267.

―――, 1997, "Introduction: On 'Colonial Modernity'," Barlow, Tani E. ed., *Formations of colonial modernity in East Asia*, Durham: Duke University Press, 1-20.

―――, 2004, *The Question of Women in Chinese Feminism*, Durham: Duke University Press.

Barlow, Tani E. ed., 1997, *Formations of colonial modernity in East Asia*, Durham: Duke University Press.

Berry, Sarah, 2000, *Screen style: Fashion and femininity in 1930s Hollywood*, Minneapolis: University of Minnesota Press.

Burke, Timothy, 2008, "The Modern Girl and Commodity Culture," The Modern Girl Around the World Research Group, *The Modern Girl Around the World: Consumption, Modernity, and Globalization*, Durham: Duke University Press, 362-370.

Chen, Xiaomei, 1995, *Occidentalism: A Theory of Counter-Discourse in Post-Mao China*, Oxford: Oxford University Press.

Chow, Tse-Tsung, 1960, *The May Fourth Movement: Intellectual Revolution in Modern China*, Cambridge: Harvard University Press.（＝1999, 陳永明等訳『五四運動史』長沙：岳麓書社.）

Dong, Madeleine Y., 2008, "Who is afraid of the Chinese modern girl?," The Modern Girl Around the

World Research Group, *The Modern Girl Around the World : Consumption, Modernity, and Globalization,* Durham : Duke University Press, 194-219.

Edwards, Louise, 2012, "The Shanghai Modern Woman's American Dreams : Imagining America's Depravity to Produce China's "Moderate Modernity"," *Pacific Historical Review,* 81(4): 567-601.

Finn, Michelle R, 2012, *A Modern Necessity : Feminism, Popular Culture, and American Womanhood, 1920- 1948,* University of Rochester.

Finnane, Antonia, 2008, *Changing Clothes in China Fashion, History, Nation,* New York : Columbia University Press.

Gao, Yun-xiang, 2006, "Nationalist and Feminist Discourses on Jianmei （Robust Beauty) during China's 'National Crisis' in the 1930s," *Gender & History,* 18(3): 546-573.

Gerth, Karl, 2003, *China Made : Consumer Culture and the Creation of the Nation,* Cambridge : Harvard University Asia Center.

Gill, Rosalind, 2007, *Gender and the Media,* Oxford : Blackwell Publishing.

Haskell, Molly, 1973, *From Reverence to Rape : The Treatment of Women in the Movies,* Chicago : University of Chicago Press.

Huang, Nicole, 2005, Women, War, Domesticity : Shanghai Literature and Popular Culture of the 1940s, Leiden : Brill Academic Publishers.（＝2015, 胡静訳『乱世書写：張愛玲与淪陥時期上海文学及通俗文化』上海：上海三聯書店.）

Judge, Joan, 2015, *Republican Lens : ender, Visuality, and Experience in the Early Chinese Periodical Pressm,* Chicago : University of California Press.

Lee, Ou-fan L., 1999, *Shanghai Modern : The Flowering of a New Urban Culture in China, 1930-1945,* Cambridge : Harvard University Press.

Liu, Lydia H., 1995, *Translingual practice : Literature, national culture, and translated modernity : China, 1900- 1937,* California City : Stanford University Press.（＝2022, 宋偉傑等訳『跨語際実践：文学，民族文化与被訳介的現代性（修訂訳本)』北京：生活・読書・新知三聯書店.）

Maltby, Richard, 2003, *Hollywood Cinema, 2nd Edition,* Hoboken : Wiley-Blackwell.

Mann, Susan L., 2011, *Gender and Sexuality in Modern Chinese History,* Cambridge : Cambridge University Press.（＝2015, 秋山洋子・板橋暁子・大橋史恵訳『性からよむ中国史：男女隔離・纏足・同性愛』平凡社.）

Margaret, Beetham and Ann, Heilmann eds., 2004, *New Woman Hybridities : Femininity, Feminism, and International Consumer Culture, 1880-1930,* Oxfordshire : Routledge.

Mittler, Barbara, 2007, "In spite of gentility : women and men in Linglong (Elegance), a 1930s women's magazine," Berg, Daria and Chloe, Starr eds., The quest for gentility in China : Negotiations beyond gender and class, London : Routledge, 208-234.

Ochiai, Emiko, 1997, "Decent Housewives and Sensual White Women : Representations of Women in Postwar Japanese Magazines," *Nichibunken Japan Review,* 9 : 151-169.

Reed, Christopher A, 2004, *Gutenberg in Shanghai : Chinese Print Capitalism, 1876-1937,* Vancouver : UBC Press.

Rivers, Nicola, 2017, *Postfeminism(s) and the arrival of the fourth wave : Turning tides,* Springer.

Ruegamer, Lana, 1998, "Purifying America : Women, Cultural Reform, and Pro-Censorship Activism, 1873

-1933," The Journal of American History, 85(2): 698.

Sato, Barbara, 2003, *The New Japanese Woman: Modernity, Media, and Women in. Interwar Japan,* Durham: Duke University Press.

Scott, Joan W, 1988, *Gender and the Politics of History,* New York City: Columbia University Press. (＝1992, 荻野美穂訳『ジェンダーと歴史学』平凡社．)

Shelley, Stephenson, 1999, "Her Traces are Found Everywhere: Shanghai, Li Xianglan, and the 'Greater East Asian Film Sphere," Yingjin Zhang ed., *Cinema and Urban Culture in Shanghai, 1922-1943,* Stanford: Stanford University Press, 222-45.

Shih, Shu-mei, 2001, *The Lure of the Modern: Writing Modernism in Semicolonial China 1917-1937,* Oakland: University of California Press.

Silverberg, Miriam, 2008, "After the Grand Tour: The Modern Girl, the New Woman, and the Colonial Maiden," The Modern Girl Around the World Research Group, 2008, *The Modern Girl Around the World: Consumption, Modernity, and Globalization,* Durham: Duke University Press, 354-361.

Stevens, Sarah E., 2003, "Figuring Modernity: The New Woman and the Modern Girl in Republican China," *NWSA Journal,* 15(3): 82-103.

Sun, Liying, 2018, "Engendering a Journal Editors and Nudes in Linloon Magazine and Its Global Context," Michel Hockx, Joan Judge, and Barbara Mittler eds., *Women and the Periodical Press in China's Long Twentieth Century,* Cambridge: Cambridge University Press, 57-73.

The Modern Girl Around the World Research Group, 2008, The Modern Girl Around the World: Consumption, Modernity, and Globalization, Durham: Duke University Press.

Thompson, Kristin, David Bordwell, and Jeff Smith eds., 2003, *Film history: An introduction,* Boston: McGraw-Hill.

Wang, Gary, 2011, "Making'Opposite-sex Love'in Print: Discourse and Discord in Linglong Women's Pictorial Magazine, 1931-1937," *Nan Nü,* 13(2): 244-347.

Wang, Sumei ed., 2021, *The East Asian Modern Girl: Women, Media, and Colonial Modernity During the Interwar Years,* Leiden: Brill.

Wasserstein, Bernard, 2017, Secret War in Shanghai: Treachery, Subversion and. Collaboration in the Second World War, London: Bloomsbury Publishing.

Wang, Zheng, 1999, *Women in the Chinese enlightenment,* Oakland: University of California Press.

West, Mae, 1959, *Goodness Had Nothing to Do with it: Autobiography,* New York: Chelsea House Publications.

Wheeler, Leigh A., 2004, *Against Obscenity: Reform and the Politics of Womanhood in America, 1873-1935,* Baltimore: The Johns Hopkins University Press.

Yen, Hsiao-pei, 2005, "Body politics, modernity and national salvation: The modern girl and the new life movement," *Asian Studies Review,* 29(2): 165-186.

Zhang, Yingjin, 1996, *The city in modern Chinese literature and film: configurations of space, time, and gender,* California: Stanford University Press. (＝2007, 秦立彦訳『中国現代文学与電影中的城市：空間，時間与性別構形』南京：江蘇人民出版社．)

初 出 一 覧

　本書は2023年に筆者が京都大学大学院教育学研究科に提出した博士論文「「モダンガール」の歴史社会学—国際都市上海の女性誌『玲瓏』を中心に—」をもとに、大幅な加筆と修正を加えたものである。初出は以下のとおりである。

序　章　国際都市上海の「モダンガール」
書き下ろし

第1章　女性中心の言説空間の誕生：『玲瓏』の創刊
書き下ろし

第2章　「モダンガール」を語る：外見を介した女性性の回復
呉桐，2022，「ポスト「五四」時代のジェンダー論—「新女性」・「モダンガール」言説を中心に—」『京都大学大学院教育学研究科紀要』(68)：233-246.

第3章　「モダンガール」を演じる：美しさ規範の形成
呉桐，2020，「1930年代中国におけるモダンガールの身体表象—女性誌『玲瓏』を中心に—」『京都大学大学院教育学研究科紀要』(66)：261-274.

第4章　西洋への視線：「女性の独立国」としてのアメリカ
呉桐，2022，「ハリウッドの隠喩—1930年代中国の女性誌『玲瓏』にみるオクシデンタリズム—」『日中社会学研究』(29)：58-70.

第5章　日本への視線：「賢妻良母の国」を超えて
書き下ろし

終章　上海の半植民地主義とジェンダー
書き下ろし

付録　　『玲瓏』の資料状況　　「コ」：コロンビア大学図書館所蔵　「上」：上海図書館所蔵

1931年 vol.1

号数	1	2	3	4	5	6	7	8	9	10	11	12	13	14	15	16	17	18	19	20	21	22	23	24	25	26	27	28	29	30	31	32	33	34	35	36	37	38	39	40	41
コ	○	○	○	○	○	○	○	○	○	○	○	○	○	○	○	○	○	○	○	○	○	○	○	○	○	○	○	○	○	○	○	○	○	○	○	○	○	○	○	○	○
上																																									

1932年 vol.2

号数	42	43	44	45	46	47	48	49	50	51	52	53	54	55	56	57	58	59	60	61	62	63	64	65	66	67	68	69	70	71	72	73	74	75	76	77	78	79	80
コ	○	○	○	○	○	○	○	○	○	○	○	○	○	○	○	○	○	○	○	○	○	○	○	○	○	○	○	○	○	○	○	○	○	○	○	○	○	○	○
上																																							

1933年 vol.3

号数	81	82	83	84	85	86	87	88	89	90	91	92	93	94	95	96	97	98	99	100	101	102	103	104	105	106	107	108	109	110	111	112	113	114	115	116	117	118	119	120	121	122	123	124	125
コ	○	○	○	○	○	○	○	×	○	○	○	×	○	○	×	○	○	○	○	○	○	×	○	○	○	×	○	○	○	○	○	○	○	○	○	○	○	○	○	○	○	○	○	○	○
上							○																		○	○								合刊											

1934年 vol.4

号数	126	127	128	129	130	131	132	133	134	135	136	137	138	139	140	141	142	143	144	145	146	147	148	149	150	151	152	153	154	155	156	157	158	159	160	161	162	163	164	165	166
コ	○	○	○	○	○	○	○	○	○	○	○	○	○	○	×	○	×	○	×	○	○	○	×	○	○	○	○	○	○	○	○	○	○	○	○	○	○	○	○	×	○
上															○	×	○	○	○		○	○	○	叢書																○	

1935年 vol.5

号数	167	168	169	170	171	172	173	174	175	176	177	178	179	180	181	182	183	184	185	186	187	188	189	190	191	192	193	194	195	196	197	198	199	200	201	202	203	204	205	206	207	208	209	210	211	212	213	214	215	216	217	218
コ	○	○	×	○	○	○	×	○	○	×	○	×	○	×	○	○	×	○	×	○	×	○	×	×	○	○	×	○	×	○	○	×	○	×	○	×	○	○	×	○	○	×	○	×	○	○	○	○	○	×	○	×
上	×								○						○				×		×		○		○				×				×								×										×	

1936年 vol.6

号数	219	220	221	222	223	224	225	226	227	228	229	230	231	232	233	234	235	236	237	238	239	240	241	242	243	244	245	246	247	248	249	250	251	252	253A	253B	254	255	256	257	258	259	260	261	262	263	264	265	266	267
コ	○	○	○	×	○	×	○	○	×	○	○	○	○	○	○	○	○	×	○	×	○	×	○	×	○	○	○	○	○	○	×	○	○	○	○	○	○	○	○	○	○	○	○	×	○	×	○	×	×	×
上	×	×			×		○						×			○		×	○										○														○			×		×	×	×

1937年 vol.7

号数	268	269	270	271	272	273	274	275	276	277	278	279	280	281	282	283	284	285	286	287	288	289	290	291	292	293	294	295	296	297	298
コ	○	○	×	○	○	×	×	○	×	○	×	○	×	○	○	○	○	×	○	○	○	○	○	○	×	○	×	○	○	○	○
上			×		○		×	×			○		×						×	×						×		○			

索　　引

《著者紹介》

呉 桐 *Wu Tong*
ご とう

1993年 中国江蘇省生まれ.
2015年 北京外国語大学日本語学部卒業. 2018年 京都大学大学院教育学研究科博士前期課程修了.
2023年 同博士後期課程修了, 博士号（教育学）取得. 2024年 中国人民大学外国語学院講師. 専門は教育社会学・歴史社会学.

《主要業績》

「ハリウッドの隠喩── 1930年代中国の女性誌『玲瓏』にみるオクシデンタリズム──」（『日中社会学研究』29号，2022年），「ポスト「五四」時代のジェンダー論──「新女性」・「モダンガール」言説を中心に──」（『京都大学大学院教育学研究科紀要』68号，2022年）など.

「モダンガール」の歴史社会学
──国際都市上海の女性誌『玲瓏』を中心に──

2024年3月29日　初版第1刷発行　　＊定価はカバーに表示してあります

著　者　呉　　　　桐©

発行者　萩　原　淳　平

印刷者　江　戸　孝　典

発行所　株式会社　晃　洋　書　房
〒615-0026　京都市右京区西院北矢掛町7番地
電話　075 (312) 0788番代
振替口座　01040-6-32280

装幀　谷本豊洋　　　印刷・製本　共同印刷工業㈱

ISBN978-4-7710-3836-3